Florian Tekale

POP PIANO SCHOOL

Mit 40 Tracks im Audio-Format!

X-Mas Special

Das etwas andere Weihnachtsbuch für Klavier

© 2021 by **Alfred** Music Publishing GmbH
info@alfredverlag.de
alfredverlag.de | **alfredmusic.de**

All Rights Reserved.
Printed in Germany.

Covergestaltung: Matthias Bielecke
Notensatz: Matthias Bielecke
Illustrationen: Felix Küssel
Layout: Thomas Petzold
Lektorat: Matthias Bielecke, Thomas Petzold
Gesamtleitung: Thomas Petzold
Art.-Nr.: 20293G (Buch & CD)
ISBN 10: 3-947998-29-5
ISBN 13: 978-3-947998-29-6
CD-Produktion: Florian Tekale, Torsten Bader
Piano-Einspielungen: Florian Tekale

Vorwort

Stell dir vor ...

... du bist auf einer Weihnachtsparty, und da kommen auf einmal ein paar gut gelaunte Gäste auf dich zu und sagen:

„Wir würden gern ein paar Weihnachtslieder singen: **Jingle Bells** oder **Last Christmas** – was man halt so kennt. Könntest du uns auf dem Klavier begleiten?"

UND? Wärst du dazu bereit? Wie wäre deine Antwort?

a) „Ich weiß nicht. Dazu bräuchte ich Noten. Und die müsste ich erst mal einstudieren. So was kann ich nicht spontan."

b) „Kein Problem! Gebt mir einfach Tonart und Akkorde. Let's go!"

Wenn du in Zukunft selbstbewusst Antwort b) geben willst, dann ist dieses Buch genau richtig für dich!

Weihnachtslieder – und natürlich auch andere Songs – souverän am Klavier begleiten zu können – das wünschen sich viele Pianistinnen und Pianisten. Einfach ans Klavier setzen und in die Tasten hauen! Auf diesem Weg soll dich mein **X-MAS SPECIAL** unterstützen ...

Was du in diesem Buch lernst:

- Die beliebtesten und bekanntesten Weihnachtslieder auf dem Klavier begleiten, aufbauend auf dem Grundwissen über Akkorde, das dir im Buch **POP PIANO SCHOOL für Einsteiger** vermittelt wird.
- Weihnachtslieder ohne viel Aufwand für Solovorträge am Klavier oder Keyboard einstudieren: Die Bearbeitungen für EASY PIANO in diesem Buch sind ideal, wenn du wenig Zeit zur Vorbereitung hast oder noch nicht so lang Klavier spielst.
- Die eigenen pianistischen Fähigkeiten weiterentwickeln: Egal, ob Songbegleitung oder Solo Piano – mit diesem Buch wirst du dein Klavierspiel verbessern und dich vom Anfänger zum Fortgeschrittenen entwickeln. Dafür sorgen die Songbearbeitungen auf unterschiedlichen Schwierigkeitsgraden.
- Wichtige theoretische Grundlagen und viel Nützliches über Akkorde und Begleittechniken lernen. Dieses Wissen soll dir ermöglichen, deine eigenen Versionen zu entwickeln: beim Begleiten von Songs und beim Umsetzen eigener Ideen für das solistische Spiel. So wirst du unabhängig von Noten – der Traum vieler Musiker.
- Bekannte, traditionelle Weihnachtslieder in anderen Musikstilen spielen: klassisch oder modern. Relaxed oder rockig. Als romantisch-verträumte Pop-Ballade oder als groovender Boogie Woogie. Der Kreativität sind keine Grenzen gesetzt.

Vieles von dem, was in **POP PIANO SCHOOL für Einsteiger** behandelt wird, wird in diesem Buch aufgegriffen, vertieft und weiterentwickelt. Daher findest du in diesem **X-MAS SPECIAL** auch immer wieder Verweise auf meine Klavierschule, wenn bestimmte Vorkenntnisse und Grundlagen vorausgesetzt werden.

Ich wünsche dir viel Spaß und Erfolg mit diesem *etwas anderen Weihnachtsbuch*!

Inhalt

Vorwort 3
TEIL 1 EASY PIANO 5
Jingle Bells
   Version 1: Wechselbass 6
   Version 2: Entspannte Chill-out-Version 7
Süßer die Glocken nie klingen
   Version 1: Easy Piano 8
Fröhliche Weihnacht überall
   Version 1: Easy Piano 10
   Version 2: Pop Ballade 11
O Tannenbaum (O Christmas Tree)
   Version 1: Zweistimmig 12
   Version 2: Dreistimmig 13
Morgen kommt der Weihnachtsmann
   Version 1: Easy Piano 14
We Wish You a Merry Christmas
   Version 1: Zweistimmig 15
   Version 2: Dreistimmig 15
Stille Nacht (Silent Night)
   Version 1: Durchgangstöne im Bass 16
   Version 2: Broken Powerchords 17
TEIL 2 SONGBEGLEITUNG
VS. SOLO PIANO/THEORIE 19
Alle Jahre wieder
   Version 1: Songbegleitung ohne Melodie 20
   Version 2: Solo Piano 20
DIE POP-DOMINANTE 21
Chords for a White Christmas
   Akkordfolge mit maj7 / 7 / m7-Akkorden 22
   Two-Step-Akkordfolge mit Wechselbass 23
Jingle Bells
   Version 3: Songbegleitung 24
Ihr Kinderlein kommet (Oh, Come, Little Children)
   Version 1: Klassisch 26
   Version 2: Reharmonisation (Pop-Version) 27
   Version 3: Songbegleitung 28
   Version 4: Songbegleitung akkordfremde Töne 30
O Tannenbaum (O Christmas Tree)
   Version 3: Songbegleitung 32
   Version 4: Solo Piano à la Erik Satie 33
ADD⁹-AKKORDE 34
We Wish You a Merry Christmas
   Songbegleitung 1 mit add9-Akkorden 35
   Songbegleitung 2 mit Akkordbrechungen ... 35
DIE X-MAS-POP-FORMEL
   Akkordfolge à la Last Christmas 36
   Nonenvorhalte 37

Stille Nacht (Silent Night)
   Version 3: Solo Piano (verminderte/halb-
   verminderte Septakkorde) 38
   Version 4: Songbegleitung (gebrochene
   Akkorde) 39
Fröhliche Weihnacht überall
   Version 3: Songbegleitung 40
Oh du fröhliche
   Version 1: Songbegleitung 42
AKKORDE IN WEITER LAGE 44
Stille Nacht (Silent Night)
   Version 5: Songbegleitung
   mit Akkordbrechungen (weite Lage) 45
Süßer die Glocken nie klingen
   Version 2: Solo Piano (weite Lage) 46
Leise rieselt der Schnee
   Version 1: Songbegleitung (einfach) 48
   Version 2: Songbegleitung (Fortgeschrittene) 49
ARRANGIEREN FÜR SOLO PIANO IN 3 SCHRITTEN
Leise rieselt der Schnee
   Leadsheet 50
   Schritt 1 50
   Schritt 2 51
   Schritt 3 51
TEIL 3 FÜR FORTGESCHRITTENE 53
EINE FRAGE DES STILS ...
Morgen kommt der Weihnachtsmann
   Version 2: Klassisch 54
   Version 3: Pop Ballade 55
   Version 4: Jazz Ballade 56
   Version 5: Boogie Woogie 57
   Version 6: Samba 58
VORSCHLAGNOTEN **60**
Fröhliche Weihnacht überall
   Version 4: Solo Piano / Vorschlagnoten 61
Lasst uns froh und munter sein
   Version 1: Songbegleitung (Rock Ballade) 62
   Version 2: Solo Piano (Rock Ballade) 63
   Version 3: Songbegleitung (Rock 'n' Roll) 64
   Version 4: Solo Piano (Boogie Woogie) 65
Oh du fröhliche
   Version 2: Solo Piano (Jazz Waltz) 66
Jingle Bells
   Version 4: Solo Piano 68
Titelübersicht (alphabetisch) 70

TEIL 1
Easy Piano

Jingle Bells
Version mit Wechselbass

James Lord Pierpont (1822–1893)
Bearbeitung: Florian Tekale

*Eine einfache Akkordbegleitung für **Jingle Bells** findest du auf Seite 24 bis 25.*

© Copyright 2021 für diese Bearbeitung by Alfred Music Publishing GmbH, Köln

Jingle Bells
Entspannte Chill-out-Version

James Lord Pierpont (1822–1893)
Bearbeitung: Florian Tekale

Diese Version kannst du auch eine Oktave höher spielen.

With pedal

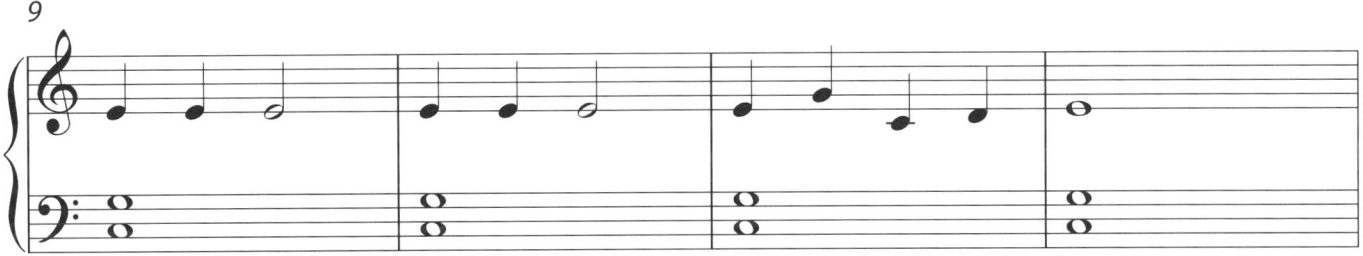

Light as a snowflake...

*Du kannst in der linken Hand auch eine Begleitung à la **Forrest Gump** ausprobieren (**Feather Theme** aus dem Original-Kino-Soundtrack): Rhythmisiere dazu die Doppelgriffe der linken Hand nach diesem Muster.*

Funktioniert ebenfalls eine Oktave höher!

© Copyright 2021 für diese Bearbeitung by Alfred Music Publishing GmbH, Köln

TEIL 1 – Easy Piano

Süsser die Glocken nie klingen

Easy Piano

Melodie: Volkslied aus Thüringen;
Text: Friedrich Wilhelm Kritzinger (1816–1890)
Bearbeitung: Florian Tekale

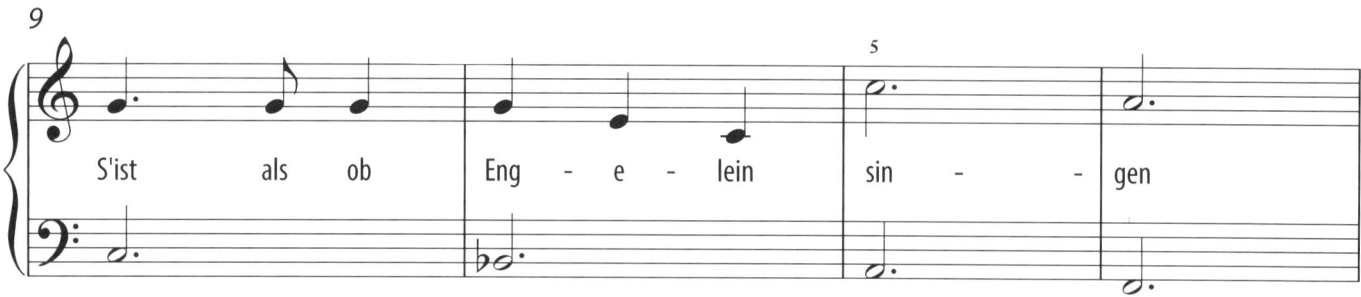

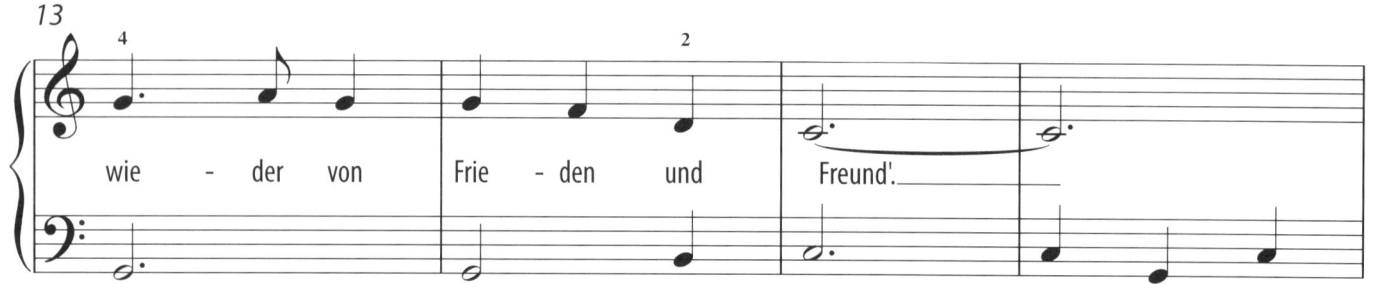

*Eine Version für **Solo Piano** findest du auf Seite 46.*

© Copyright 2021 für diese Bearbeitung by Alfred Music Publishing GmbH, Köln

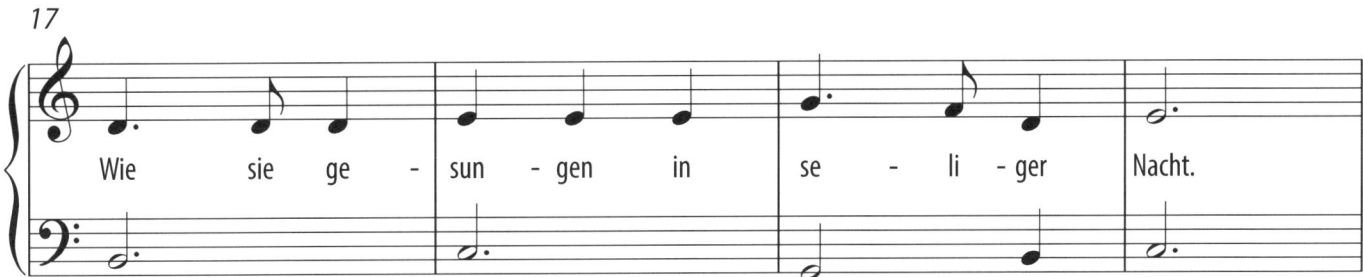
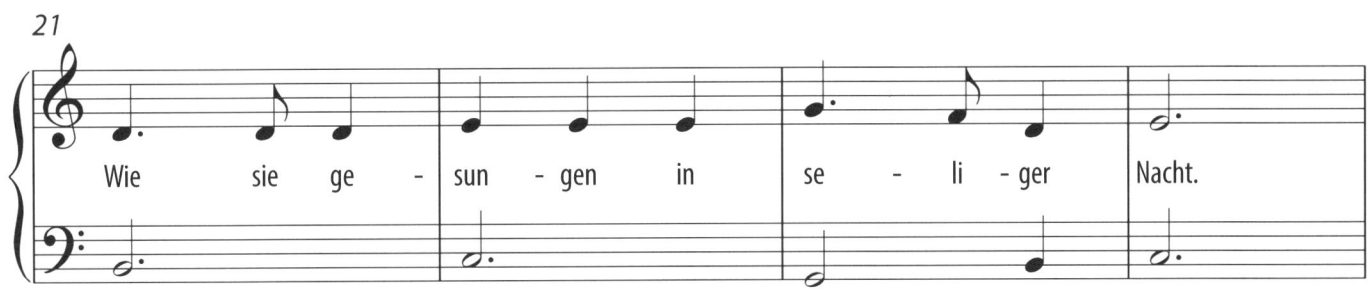
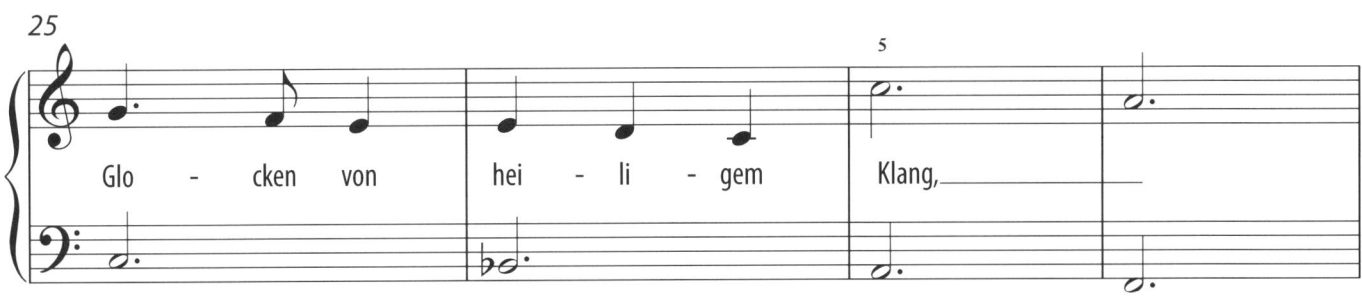
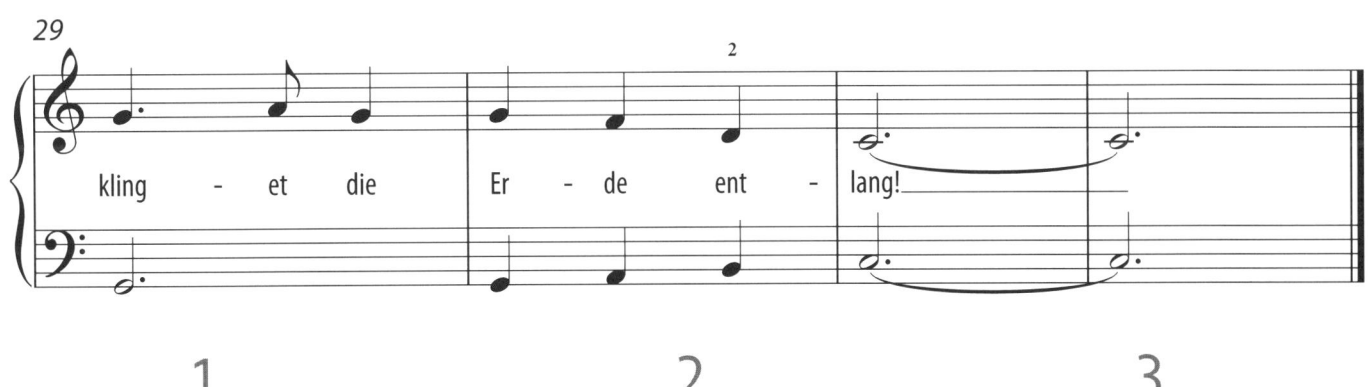

1

Süßer die Glocken nie klingen
Als zu der Weihnachtszeit:
'S ist, als ob Engelein singen
Wieder von Frieden und Freud'.
Wie sie gesungen in seliger Nacht,
Wie sie gesungen in seliger Nacht.
Glocken von heiligem Klang,
Klinget die Erde entlang!

2

Oh, wenn die Glocken erklingen,
Schnell sie das Christkindlein hört;
Tut sich vom Himmel dann schwingen
Eilet hernieder zur Erd'.
Segnet den Vater, die Mutter, das Kind,
Segnet den Vater, die Mutter, das Kind.
Glocken, mit heiligem Klang,
Klinget die Erde entlang!

3

Klinget mit lieblichem Schalle
Über die Meere noch weit,
Dass sich erfreuen doch alle
Seliger Weihnachtszeit.
Alle aufjauchzen mit herrlichem Sang;
Alle aufjauchzen mit herrlichem Sang;
Glocken, mit heiligem Klang,
Klinget die Erde entlang!

© Copyright 2021 für diese Bearbeitung by Alfred Music Publishing GmbH, Köln

TEIL 1 – Easy Piano

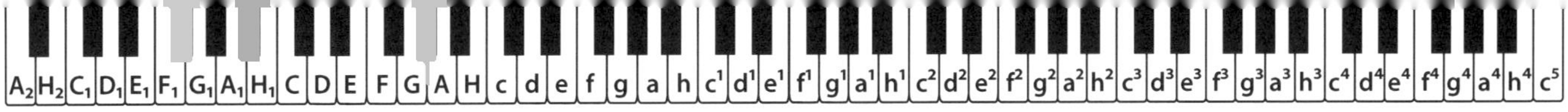

Fröhliche Weihnacht überall

3 Demo Track

SEITE 57–58 POP PIANO SCHOOL *Intervalle*

Version 2

– Pop Ballade –

Melodie: aus England (19. Jahrhundert)
Text: H. A. Hoffmann von Fallersleben (1798–1874)
Bearbeitung: Florian Tekale

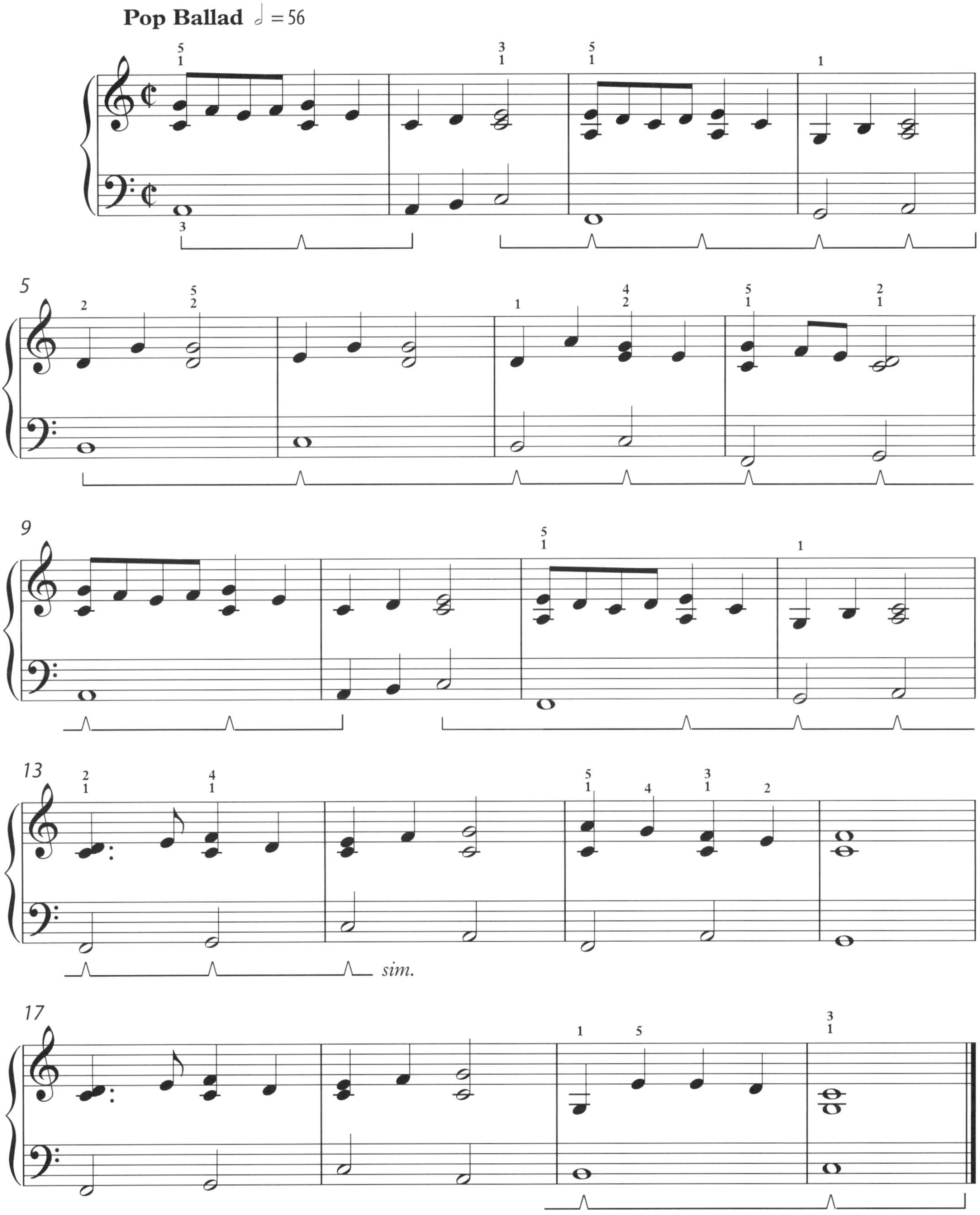

O Tannenbaum (O Christmas Tree)

Zweistimmige Version
– deutschsprachig –

Melodie aus einem altem Studentenlied
Dt. Text (1. Strophe): J. A. Zarnack (1777–1827)
Dt. Text (2./3. Strophe): Ernst Anschütz (1780–1861)
Bearbeitung: Florian Tekale

1

O Tannenbaum, o Tannenbaum,
Wie treu sind deine Blätter!
Du grünst nicht nur zur Sommerzeit,
Nein, auch im Winter, wenn es schneit.
O Tannenbaum, o Tannenbaum,
Wie grün sind deine Blätter!

2

O Tannenbaum, o Tannenbaum,
Du kannst mir sehr gefallen!
Wie oft hat nicht zur Weihnachtszeit
Ein Baum von dir mich hoch erfreut!
O Tannenbaum, o Tannenbaum,
Du kannst mir sehr gefallen!

3

O Tannenbaum, o Tannenbaum,
Dein Kleid will mich was lehren:
Die Hoffnung und Beständigkeit
Gibt Trost und Kraft zu jeder Zeit!
O Tannenbaum, o Tannenbaum,
Dein Kleid will mich was lehren.

*Eine Version zur Songbegleitung von **O Tannenbaum (O Christmas Tree)** findest du auf Seite 32.*

© Copyright 2021 für diese Bearbeitung by Alfred Music Publishing GmbH, Köln

O Christmas Tree (O Tannenbaum)

Dreistimmige Version
– englischsprachig –

Melodie aus einem altem Studentenlied
Englischer Text: Anonym
Bearbeitung: Florian Tekale

1
O Christmas tree, O Christmas tree,
How true you stand unchanging.
Your boughs so green in summertime,
Remains so green in wintertime.
O Christmas tree, O Christmas tree,
How true you stand unchanging.

2
O Christmas tree, O Christmas tree,
The message is enduring.
So long ago in Bethlehem,
Was born the Saviour of all men.
O Christmas tree, O Christmas tree,
The message is enduring.

3
O Christmas tree, O Christmas tree,
Thy faith also unchanging.
A symbol sent from God above
proclaiming Him the Lord of love.
O Christmas tree, O Christmas tree,
Thy faith also unchanging.

*Eine Version für **Solo Piano** findest du auf Seite 33.*

© Copyright 2021 für diese Bearbeitung by Alfred Music Publishing GmbH, Köln

TEIL 1 – Easy Piano

Morgen kommt der Weihnachtsmann

Version 1
– Easy Piano –

Melodie aus Frankreich („Ah, vous dirai – je Maman")
Text: H. A. Hoffmann von Fallersleben; (1798–1874)
Bearbeitung: Florian Tekale

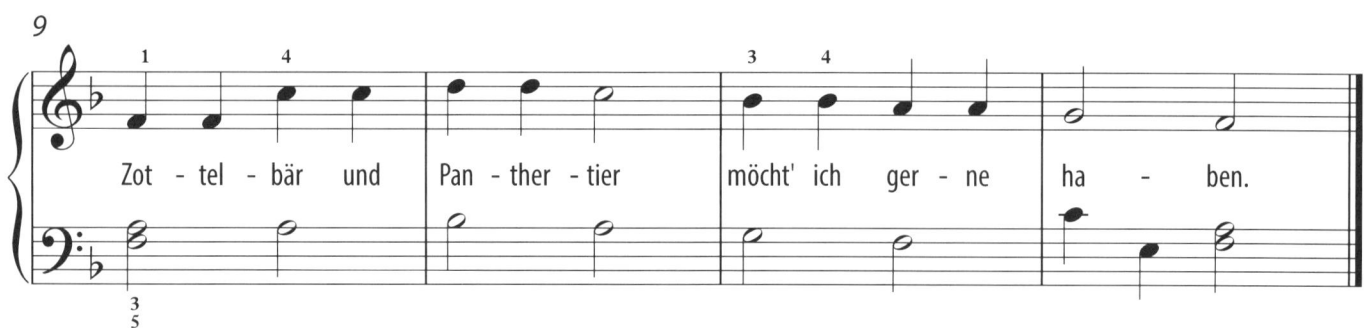

Morgen kommt der Weihnachtsmann hat dieselbe Melodie wie das französiche Volkslied
Ah! Vous dirai-je, Maman – von dem auch die Melodie für **Twinkle, Twinkle, Little Star** abgekupfert ist.
Auf den Seiten 55 bis 59 findest du **Morgen kommt der Weihnachtsmann** in verschiedenen Stilistiken.

1
Morgen kommt der Weihnachtsmann,
Kommt mit seinen Gaben.
Bunte Lichter, Silberzier,
Kind mit Krippe, Schaf und Stier,
Zottelbär und Panthertier
Möcht' ich gerne haben!

2
Bring uns, lieber Weihnachtsmann,
Bring auch morgen, bringe
Eine schöne Eisenbahn,
Bauernhof mit Huhn und Hahn,
Einen Pfefferkuchenmann,
Lauter schöne Dinge.

3
Doch du weißt ja unsern Wunsch,
Kennest unsere Herzen.
Kinder, Vater und Mama,
Auch sogar der Großpapa,
Alle, alle sind wir da,
Warten dein mit Schmerzen.

© Copyright 2021 für diese Bearbeitung by Alfred Music Publishing GmbH, Köln

We Wish You a Merry Christmas

Zweistimmige Version

Musik & Text: aus England (16. Jahrhundert)
Bearbeitung: Florian Tekale

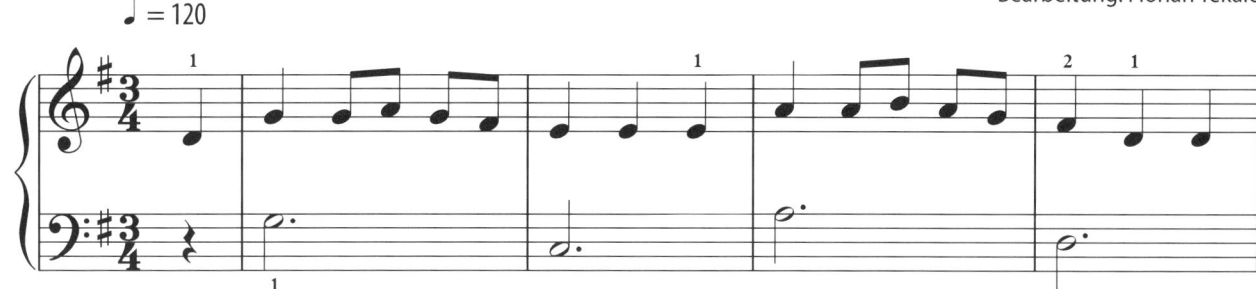

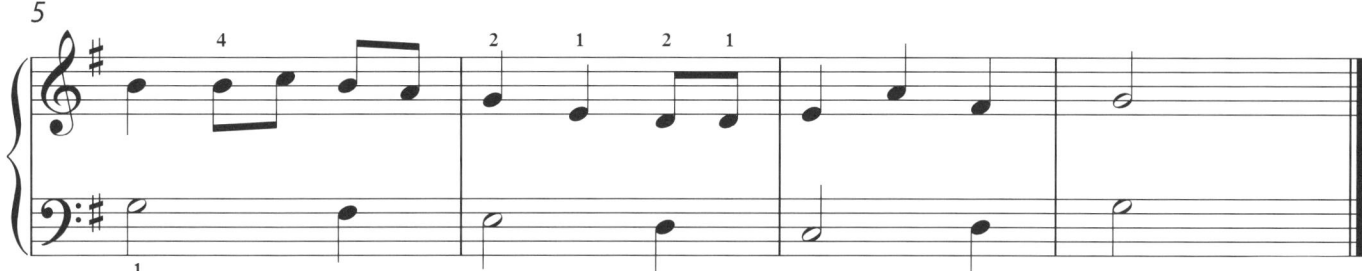

Dreistimmige Version

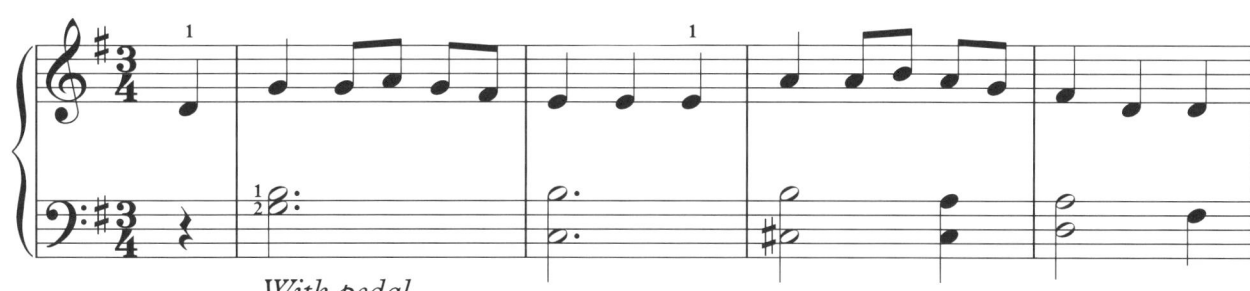

With pedal

1

We wish you a Merry Christmas,
We wish you a Merry Christmas,
We wish you a Merry Christmas
And a Happy New Year!

2

Oh, bring us a figgy pudding,
Oh, bring us a figgy pudding,
Oh, bring us a figgy pudding
And a cup of good cheer.

3

We won't go until we get some,
We won't go until we get some,
We won't go until we get some,
So bring some out here.

4

We wish you a Merry Christmas,
We wish you a Merry Christmas,
We wish you a Merry Christmas
And a Happy New Year!

*Zwei Versionen zur Songbegleitung von **We Wish You a Merry Christmas** findest du auf Seite 35.*

© Copyright 2021 für beide Bearbeitungen by Alfred Music Publishing GmbH, Köln

TEIL 1 – Easy Piano

Stille Nacht (Silent Night)

Version 1
– Durchgangstöne im Bass –

Musik: Franz Xaver Gruber (1787–1863)
Dt. Text: Joseph Mohr (1792–1848)
Engl. Text: Anonym
Bearbeitung: Florian Tekale

1
Stille Nacht, heilige Nacht!
Alles schläft, einsam wacht
Nur das traute, hochheilige Paar.
Holder Knabe im lockigen Haar,
Schlaf in himmlischer Ruh,
Schlaf in himmlischer Ruh.

2
Stille Nacht, heilige Nacht!
Gottes Sohn, o wie lacht
Lieb aus deinem göttlichen Mund,
Da uns schlägt die rettende Stund,
Christ, in deiner Geburt,
Christ, in deiner Geburt.

3
Stille Nacht! Heilige Nacht!
Die der Welt Heil gebracht,
Aus des Himmels goldenen Höh'n
Uns der Gnade Fülle lässt seh'n
Jesum in Menschengestalt!
Jesum in Menschengestalt!

4
Stille Nacht! Heilige Nacht!
Wo sich heut alle Macht
Väterlicher Liebe ergoss
Und als Bruder huldvoll umschloss.
Jesus, die Völker der Welt!
Jesus, die Völker der Welt!

5
Stille Nacht! Heilige Nacht!
Lange schon uns bedacht,
Als der Herr vom Grimme befreit,
In der Väter urgrauer Zeit
Aller Welt Schonung verhieß!
Aller Welt Schonung verhieß!

6
Stille Nacht, Heilige Nacht!
Hirten erst kundgemacht,
Durch der Engel Halleluja.
Tönt es laut von fern und nah:
Christ, der Retter ist da!
Christ, der Retter ist da!

© Copyright 2021 für diese Bearbeitung by Alfred Music Publishing GmbH, Köln

Pop Piano School – X-Mas Special

Silent Night (Stille Nacht)

Version 2
– Englische Version mit Broken Powerchords –

Musik: Franz Xaver Gruber (1787–1863)
Engl. Text: Anonym
Bearbeitung: Florian Tekale

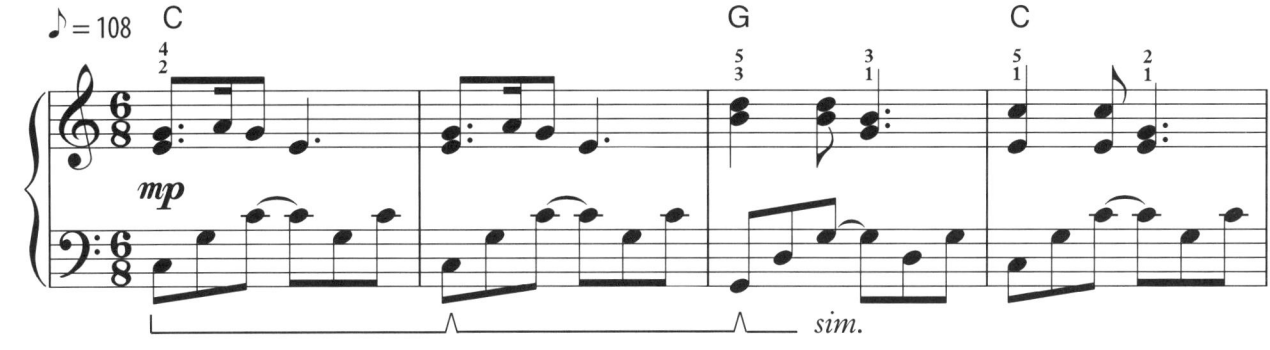

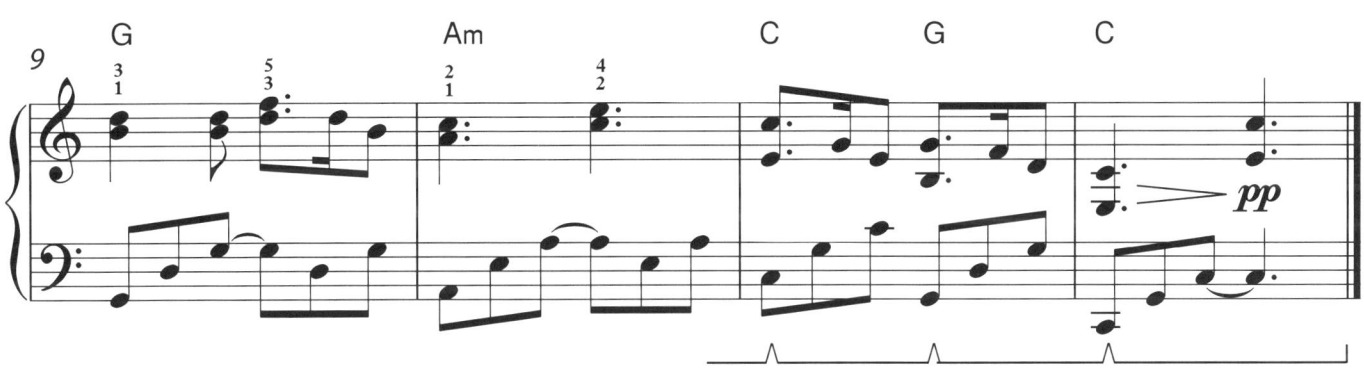

1

Silent night, holy night,
All is calm, all is bright.
Round yon virgin mother and child.
Holy infant so tender and mild,
Sleep in heavenly peace,
Sleep in heavenly peace.

2

Silent night, holy night,
Shepherds quake at the sight!
Glories stream from heaven a-far,
Heavenly hosts sing "Alleluia",
Christ the Savior is born,
Christ the Savior is born.

3

Silent night, holy night,
Son of God, oh, love's pure light,
Radiant beams from Thy holy face,
With the dawn of redeeming grace.
Jesus, Lord, at Thy birth,
Jesus, Lord, at Thy birth.

*Weitere Versionen zur **Songbegleitung** und für **Solo Piano** findest du auf den Seiten 38, 39 und 45.*

© Copyright 2021 für diese Bearbeitung by Alfred Music Publishing GmbH, Köln

TEIL 1 – *Easy Piano*

TEIL 2
Songbegleitung
versus
Solo Piano / Theorie

Alle Jahre wieder

Songbegleitung ohne Melodie
– Easy Piano –

Melodie: Friedrich Silcher (1789–1860)
Text: Wilhelm Hey (1789–1854)
Bearbeitung: Florian Tekale

Die oben abgebildete Version dient der reinen Begleitung von Gesang bzw. eignet sich zum Begleiten von Instrumenten, welche die Melodie des Liedes spielen.

Die folgende Version kann auch auf dem Klavier alleine vorgetragen werden. Man erkennt das Lied, weil die Lagen der Akkorde nach der Melodie ausgerichtet sind.

Arrangement für Solo Piano

© Copyright 2021 für beide Bearbeitungen by Alfred Music Publishing GmbH, Köln

Die Pop-Dominante
Klassischer Dominantseptakkord vs. Pop-Dominante

Dominante
Der Akkord der 5. Stufe (V.) wird als Dominante bezeichnet.

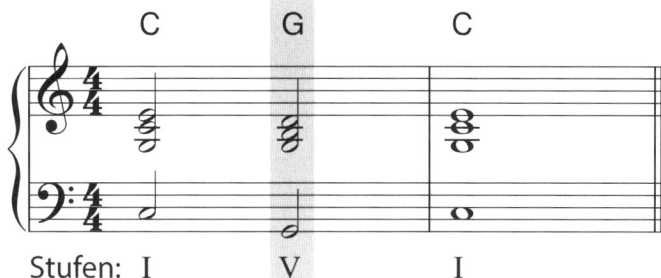

Dominantseptakkord (klassisch)
Der Dominantseptakkord – ein Dur-Akkord mit kleiner Septime – klingt spannungsreicher als der einfache Dominantdreiklang: Er drängt geradezu nach Auflösung.

Pop-Dominante
Die Pop-Dominante wird ganz einfach gebildet: Man ergänzt den Grundton (Basston) der 5. Stufe um die Dreiklangstöne der 4. Stufe. Voilà! Im Gegensatz zum klassischen Dominantseptakkord erhält man eine modern klingende Alternative.

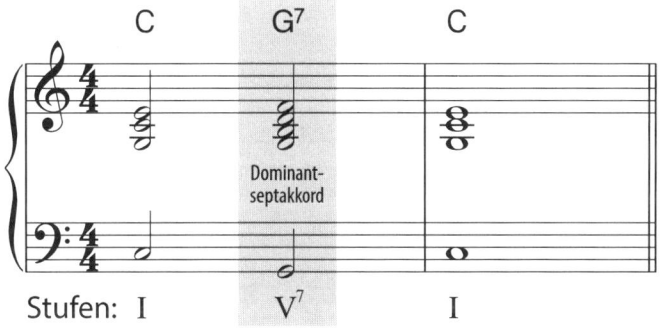

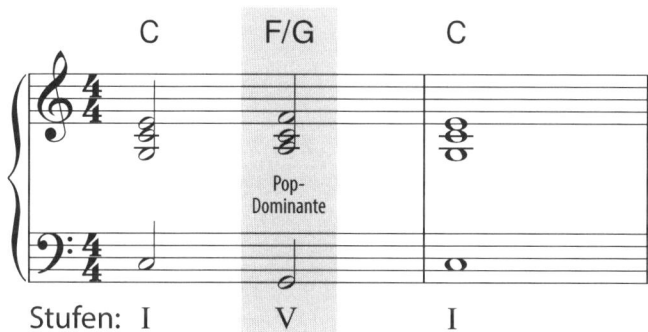

Die **Pop-Dominante** kann durch verschiedene Akkordsymbole dargestellt werden:

Am häufigsten sieht man folgende **Akkordsymbole**:

$$F/G = G^{7(9)}sus^4 = G^9sus^4 = Gsus^4 = Dm^7/G$$

Klassische Akkordfolge (Kadenz)
Die Quinte wird beim Dominantseptakkord häufig weggelassen, wie auch in diesem Beispiel.

Pop-Akkorde (II–V–I-Verbindung)
Diese Akkordfolge ist in Pop und Jazz weit verbreitet: die **II–V–I-Verbindung** (gespr.: 2–5–1) – das moderne Pendant zur klassischen Kadenz.

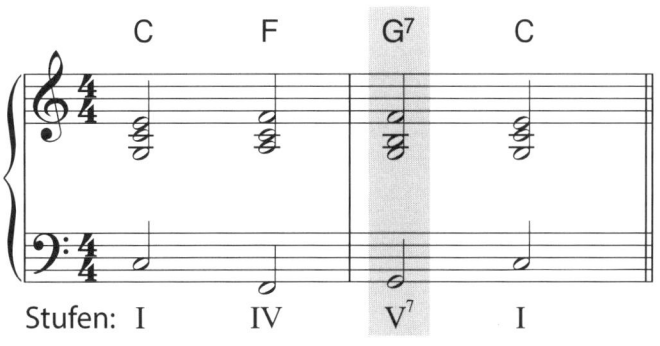

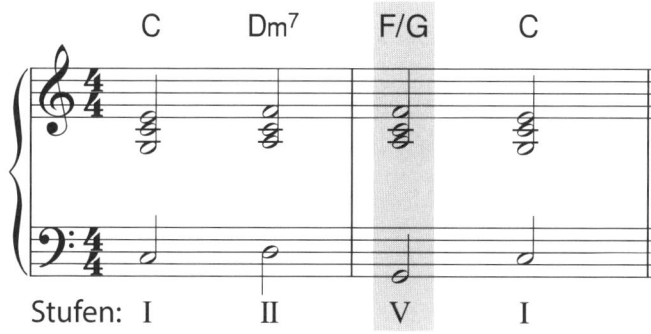

TEIL 2 – Songbegleitung versus Solo Piano / Theorie

Chords for a White Christmas

maj⁷ / 7 / m⁷-Akkorde
– Ballade –

Arrangement: Florian Tekale

Die folgenden beiden Akkordbegleitungen eignen sich hervorragend zur Begleitung von *White Christmas*:

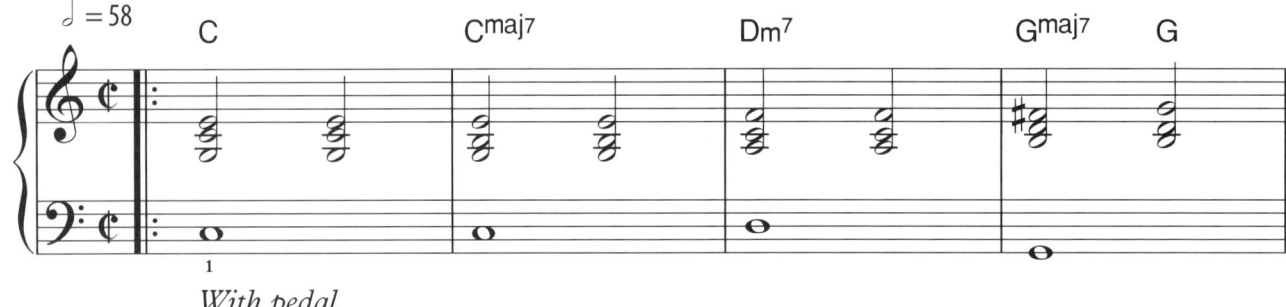

With pedal

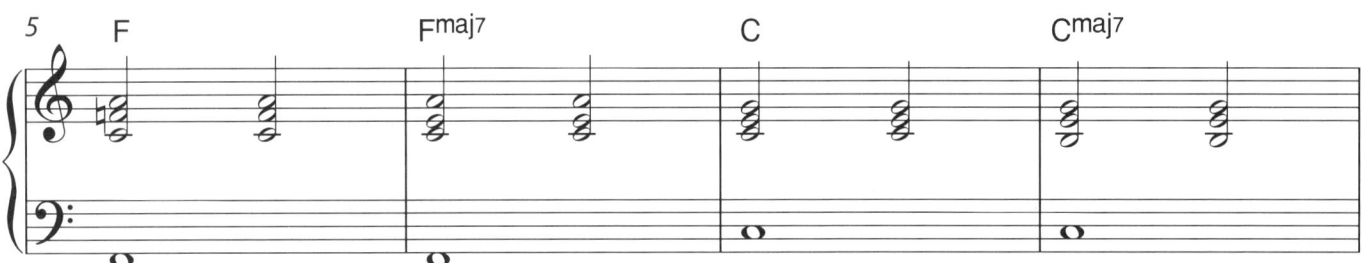

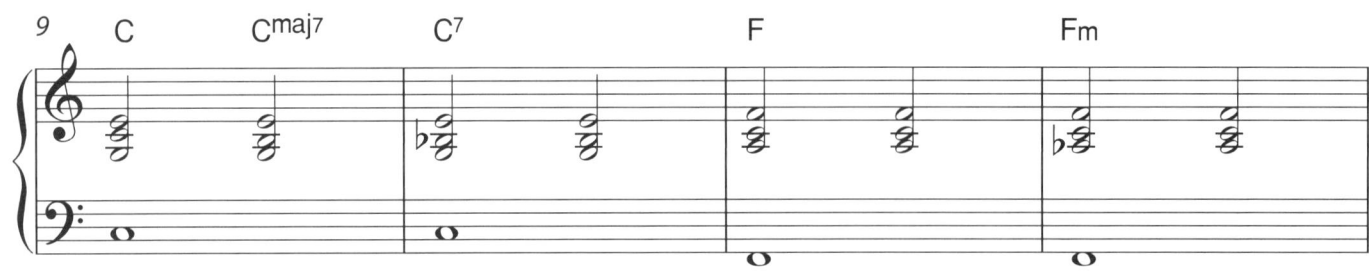

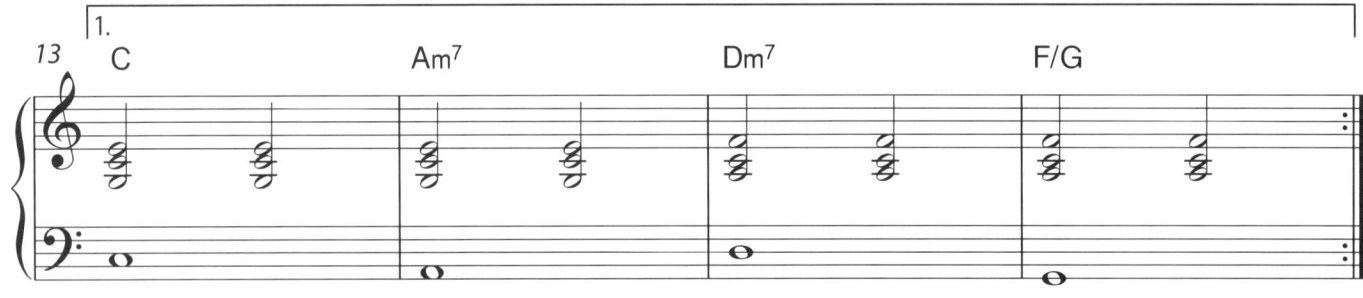

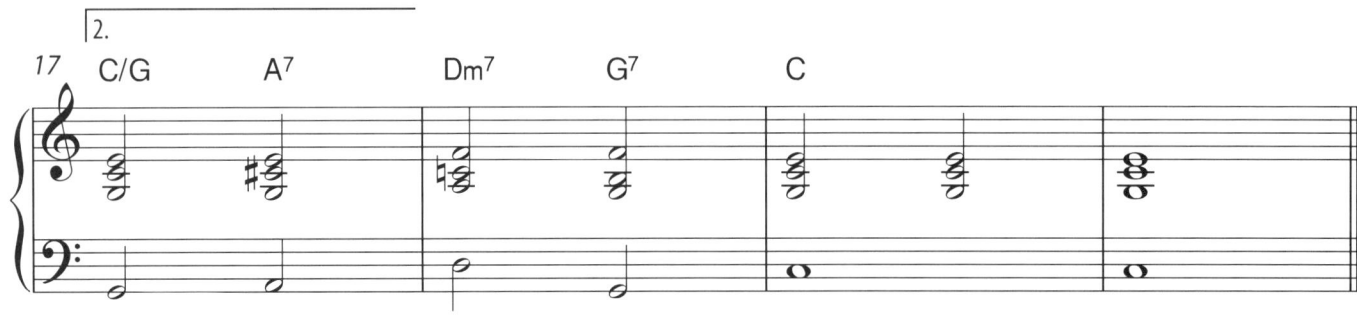

Chords for a White Christmas

maj⁷ / 7 / m⁷-Akkorde
– Two-Step mit Wechselbass –

SEITE 74 – POP PIANO SCHOOL – Septakkorde

TEIL 2 – Songbegleitung versus Solo Piano / Theorie

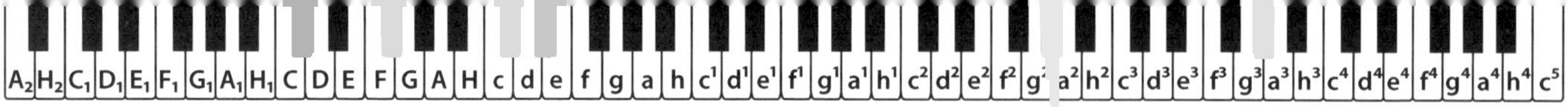

Jingle Bells

12
Demo Track

SEITE 52–67 POP PIANO SCHOOL
Dreiklänge & Umkehrungen

Songbegleitung

James Lord Pierpont (1822–1893)
Bearbeitung: Florian Tekale

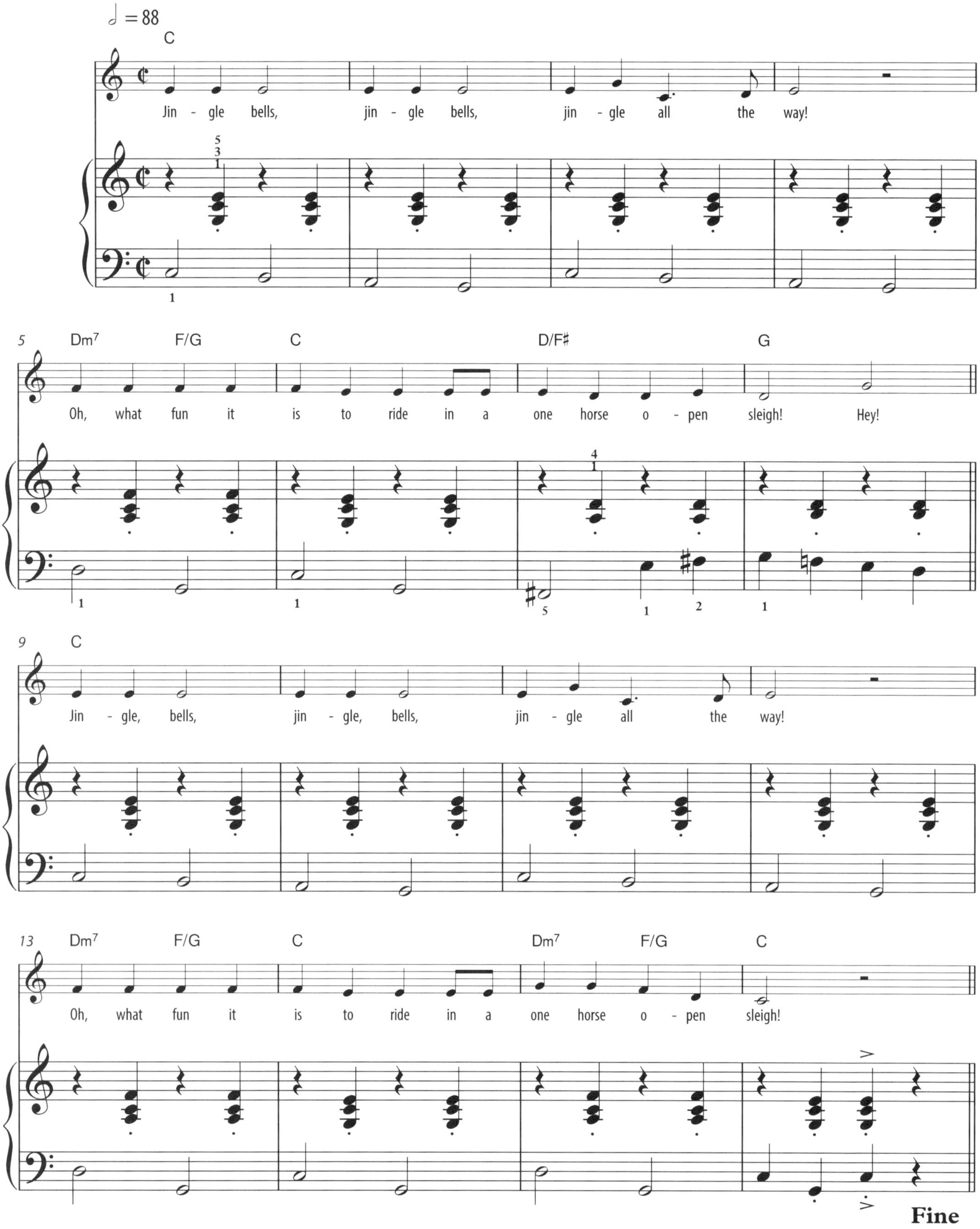

1

Jingle bells, jingle bells,
jingle all the way.
Oh, what fun it is to ride in a
one-horse open sleigh.
Jingle bells, jingle bells,
jingle all the way.
Oh, what fun it is to ride in a
one-horse open sleigh.

Dashing through the snow,
In a one-horse open sleigh,
O'er the fields we go,
Laughing all the way.
Bells on bobtail ring,
Making spirits bright,
What fun it is to ride and sing
A sleighing song tonight. Oh!

2

Jingle bells, jingle bells,
jingle all the way.
Oh, what fun it is to ride in a
one-horse open sleigh
Jingle bells, jingle bells,
jingle all the way.
Oh, what fun it is to ride in a
one-horse open sleigh.

A day or two ago
I thought I'd take a ride,
And soon Miss Fannie Bright
Was seated by my side.
The horse was lean and lank,
Misfortune seemed his lot,
He got into a drifted bank
And we got upsot.

3

Jingle bells, jingle bells,
jingle all the way.
Oh, what fun it is to ride in a
one-horse open sleigh
Jingle bells, jingle bells,
jingle all the way.
Oh, what fun it is to ride in a
one-horse open sleigh.

A day or two ago,
The story I must tell,
I went out on the snow,
And on my back I fell;
A gent was riding by
In a one-horse open sleigh,
He laughed as there I sprawling lie,
But quickly drove away.

4

Jingle bells, jingle bells, jingle
all the way.
Oh, what fun it is to ride in a
one-horse open sleigh.
Jingle bells, jingle bells, jingle
all the way.
Oh, what fun it is to ride in a
one-horse open sleigh.

Now the ground is white,
Go it while you're young,
Take the girls tonight
And sing this sleighing song.
Just get a bobtailed bay,
Two-forty for his speed,
Then hitch him to an open sleigh,
And crack! You'll take the lead.

*Eine attraktive Version für **Solo Piano** findest du auf Seite 68.*

TEIL 2 – Songbegleitung versus Solo Piano / Theorie

Ihr Kinderlein kommet

Klassische Version

Melodie: Johann A. Peter Schulz (1747–1800)
Text: Christoph von Schmid (1768–1854)
Bearbeitung: Florian Tekale

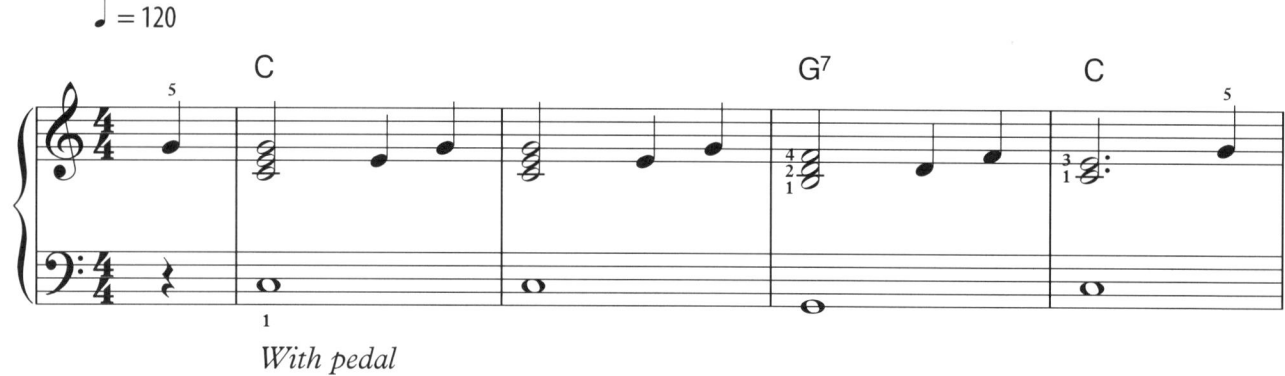

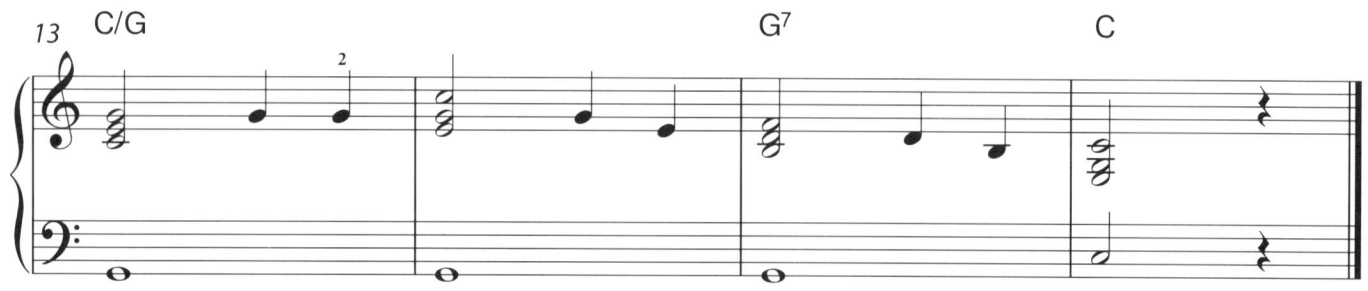

*Die Strophentexte zu **Ihr Kinderlein kommet** findest du auf Seite 29.*

© Copyright 2021 für diese Bearbeitung by Alfred Music Publishing GmbH, Köln

Ihr Kinderlein kommet

Reharmonisation (Pop-Version)
Melodie: Johann A. Peter Schulz (1747–1800)
Text: Christoph von Schmid (1768–1854)
Bearbeitung: Florian Tekale

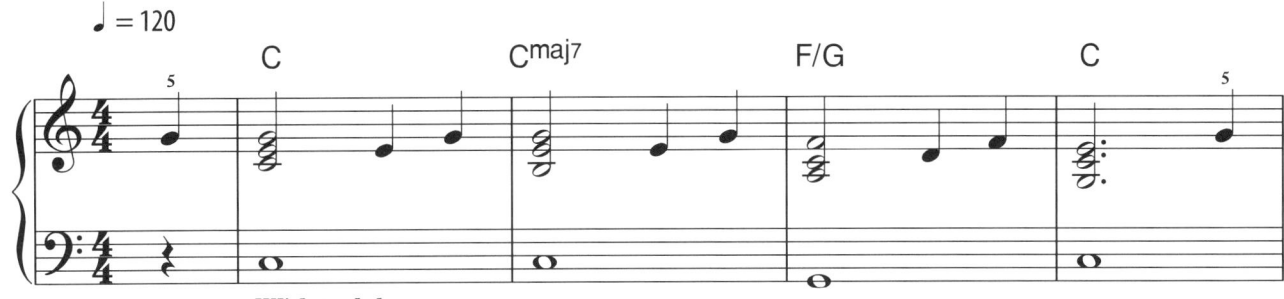

Reharmonisation bedeutet, dass die Akkorde eines Musikstücks ausgetauscht werden, wobei die Melodie gleich bleibt – und damit auch die Oberstimme der jeweiligen Akkorde. Dabei gibt es *drei Möglichkeiten*:

- Der ursprüngliche Akkord wird durch zusätzliche Töne (Optionen) erweitert, wobei die Akkordstufe gleich bleibt. Beispiele: C → Cmaj7, Dominantseptakkord → Pop-Dominante
- Es wird ein Akkord auf einer anderen Stufe verwendet. Der eingewechselte Akkord hat einen anderen Grundton – aber den gleichen Melodieton. Beispiel: C → Am7 (paralleler Mollakkord).
- Es werden zusätzliche Akkorde eingebaut. Damit wechseln die Akkorde auch auf Zählzeiten, auf denen ursprünglich keine Akkordwechsel sind.

© Copyright 2021 für diese Bearbeitung by Alfred Music Publishing GmbH, Köln

TEIL 2 – *Songbegleitung versus Solo Piano / Theorie*

Ihr Kinderlein kommet

Songbegleitung

Melodie: Johann A. Peter Schulz (1747–1800)
Dt. Text: Christoph von Schmid (1768–1854)
Bearbeitung: Florian Tekale

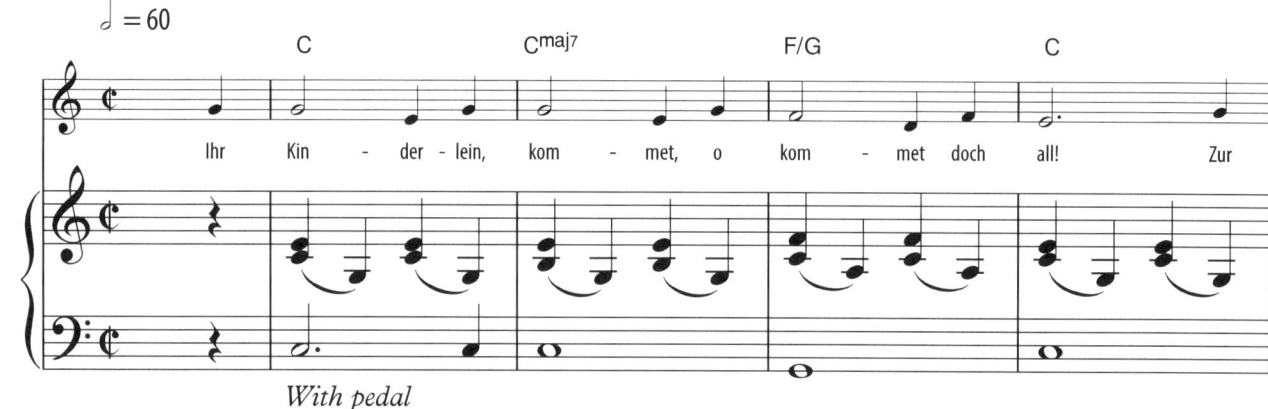

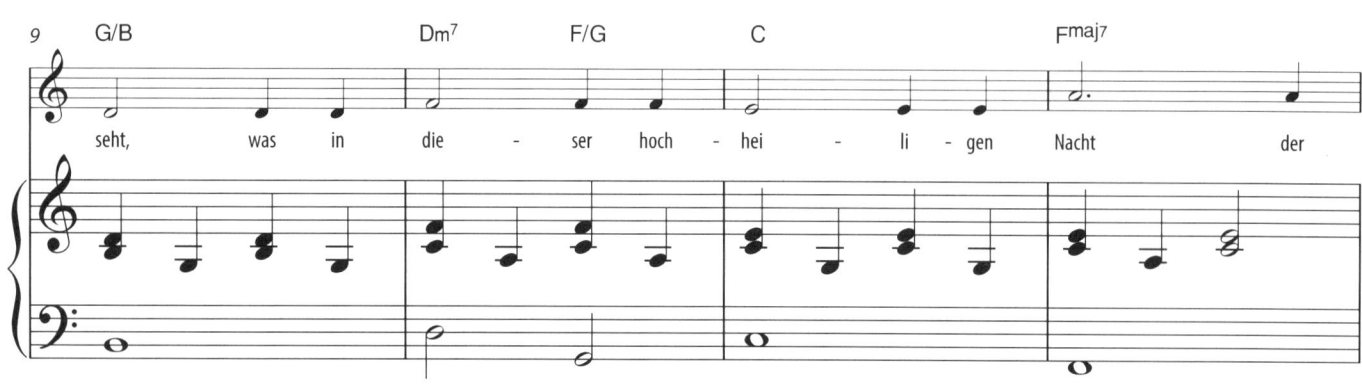

© Copyright 2021 für diese Bearbeitung by Alfred Music Publishing GmbH, Köln

*Die Melodie von **Ihr Kinderlein kommet** wurde im 18. Jahrhundert von dem Komponisten Johann Abraham Peter Schulz geschrieben. Zu seinen bekanntesten Kompositionen zählt auch die Melodie von **Der Mond ist aufgegangen**.*

1
Ihr Kinderlein, kommet,
o kommet doch all'!
Zur Krippe her kommet
in Bethlehems Stall,
Und seht, was in dieser
hochheiligen Nacht
Der Vater im Himmel
für Freude uns macht.

2
O seht in der Krippe,
im nächtlichen Stall,
Seht hier bei des Lichtleins
hell glänzendem Strahl
In reinlichen Windeln
das himmlische Kind,
Viel schöner und holder
als Engel es sind.

3
Da liegt es – das Kindlein –
auf Heu und auf Stroh;
Maria und Joseph
betrachten es froh;
Die redlichen Hirten
knien betend davor,
Hoch oben schwebt jubelnd
der Engelein Chor.

4
Manch Hirtenkind trägt wohl
mit freudigem Sinn
Milch, Butter und Honig
nach Bethlehem hin;
Ein Körblein voll Früchte,
das purpurrot glänzt,
Ein schneeweißes Lämmchen
mit Blumen bekränzt.

5
O betet: Du liebes,
Du göttliches Kind
Was leidest Du alles
für unsere Sünd'!
Ach hier in der Krippe
schon Armut und Not,
Am Kreuze dort gar noch
den bitteren Tod.

6
O beugt wie die Hirten
anbetend die Knie,
Erhebet die Händlein und
danket wie sie!
Stimmt freudig, ihr Kinder,
wer sollt' sich nicht freu'n,
Stimmt freudig zum Jubel
der Engel mit ein!

7
Was geben wir Kinder,
was schenken wir Dir,
Du Bestes und Liebstes
der Kinder, dafür?
Nichts willst Du von Schätzen
und Freuden der Welt,
Ein Herz nur voll Unschuld
allein Dir gefällt.

8
So nimm uns're Herzen
zum Opfer denn hin;
Wir geben sie gerne
mit fröhlichem Sinn
Und mache sie heilig
und selig wie Dein's,
Und mach sie auf ewig
mit Deinem nur Eins.

Oh, Come, Little Children

Englische Fassung

Melodie: Johann A. Peter Schulz (1747–1800)
Engl. Text: Melanie Schulte (1885–1922)

1
Oh, come, little children,
oh, come, one and all,
To Bethlehem's stable,
in Bethlehem's stall.
And see with rejoicing
this glorious sight,
Our Father in heaven
has sent us this night.

2
Oh, see in the manger,
in hallowèd light
A star throws its beam
on this holiest sight.
In clean swaddling clothes
lies the heavenly Child,
More lovely than angels,
this Baby so mild.

3
Oh, there lies the Christ Child,
on hay and on straw;
The shepherds are kneeling
before Him with awe.
And Mary and Joseph
smile on Him with love,
While angels are singing
sweet songs from above.

© Copyright 2021 für diese Bearbeitung by Alfred Music Publishing GmbH, Köln

TEIL 2 – Songbegleitung versus Solo Piano / Theorie

Ihr Kinderlein kommet

Songbegleitung
– Akkordfremde Töne –

Melodie: Johann A. Peter Schulz (1747–1800)
Text: Christoph von Schmid (1768–1854)
Bearbeitung: Florian Tekale

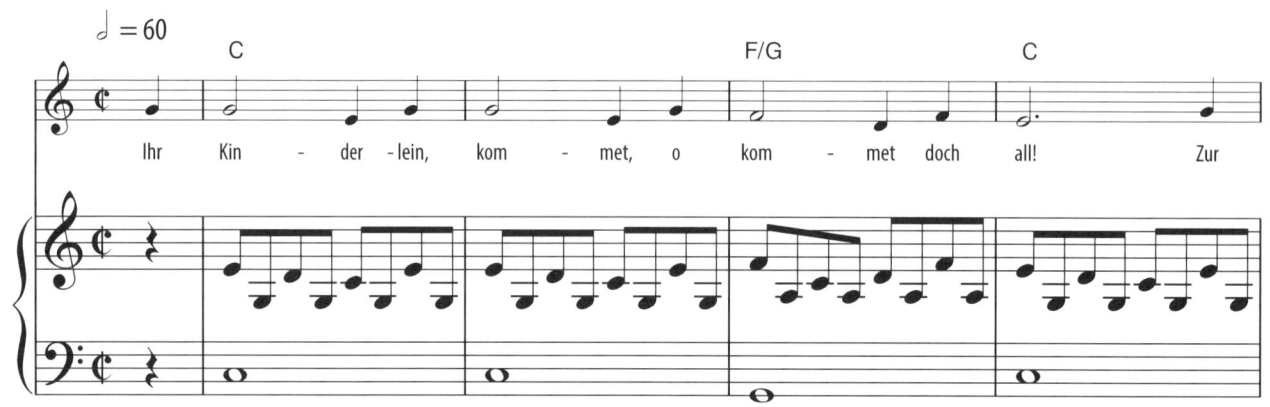

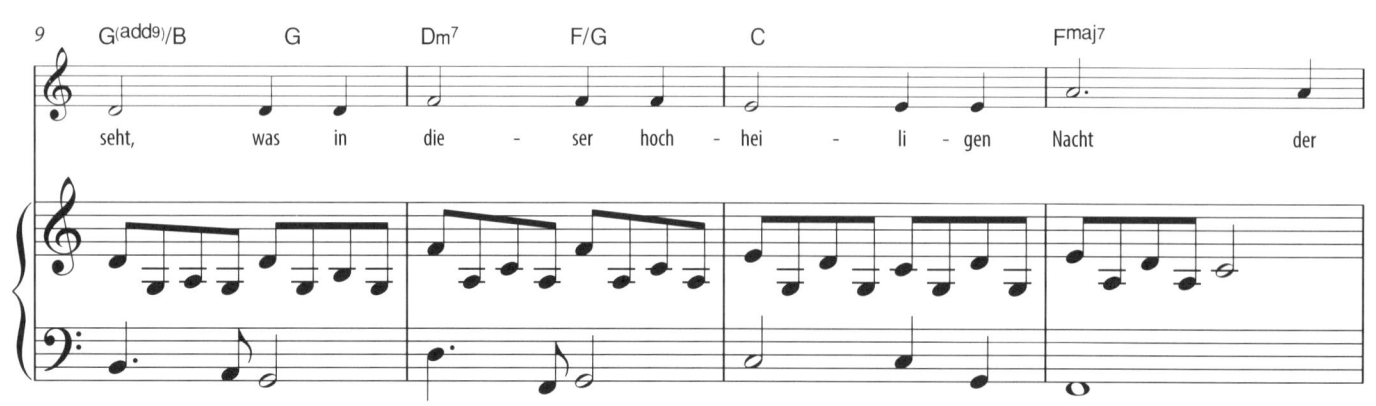

© Copyright 2021 für diese Bearbeitung by Alfred Music Publishing GmbH, Köln

Akkordfremde Töne

Akkordbrechung

With pedal

Im unteren Beispiel kommt *mehr Abwechslung und Farbe* ins Spiel, indem auch Töne verwendet werden, die im ursprünglichen Akkord nicht enthalten sind ...

Verwendung von zusätzlichen, akkordfremden Tönen (Optionen)

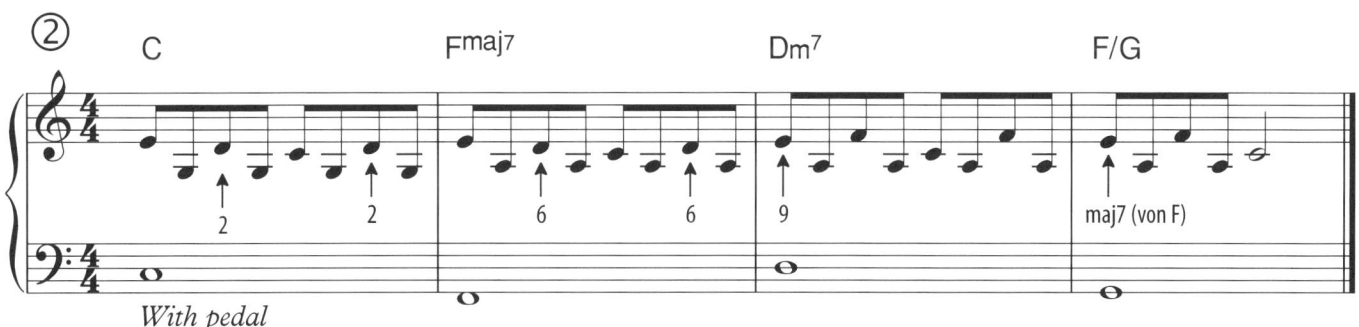

With pedal

Durch das Einfügen von akkordfremden Tönen
- wird das Akkordspiel mit zusätzlichen Klangfarben angereichert.
- kann eine eigenständige Melodie innerhalb der Akkordbegleitung entstehen.

Die Zahlen in **Beispiel** ② stehen für die *Tonabstände (Intervalle)* zwischen dem Optionston und dem Grundton des jeweiligen Akkordes. So steht z.B. die **9** für die **None** – wobei die 9 eigentlich der gleiche Ton ist wie die **2** (**Sekunde**): die 9 bzw. 2 von C ist in beiden Fällen der Ton D.

© Copyright 2021 für diese Bearbeitung by Alfred Music Publishing GmbH, Köln

O Tannenbaum

Songbegleitung
– deutschsprachig –

Melodie aus einem altem Studentenlied
Dt. Text (1. Strophe): J. A. Zarnack (1777–1827)
Dt. Text (2./3. Strophe): Ernst Anschütz (1780–1861)
Bearbeitung: Florian Tekale

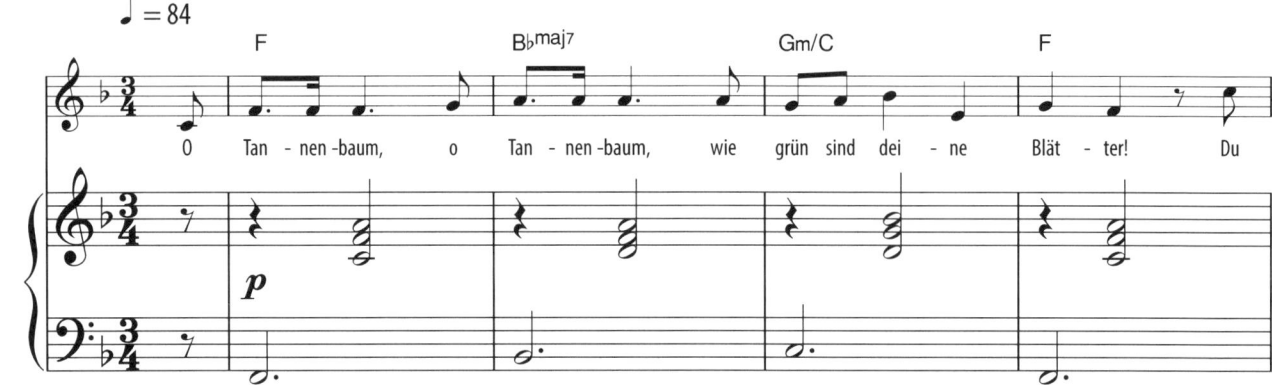

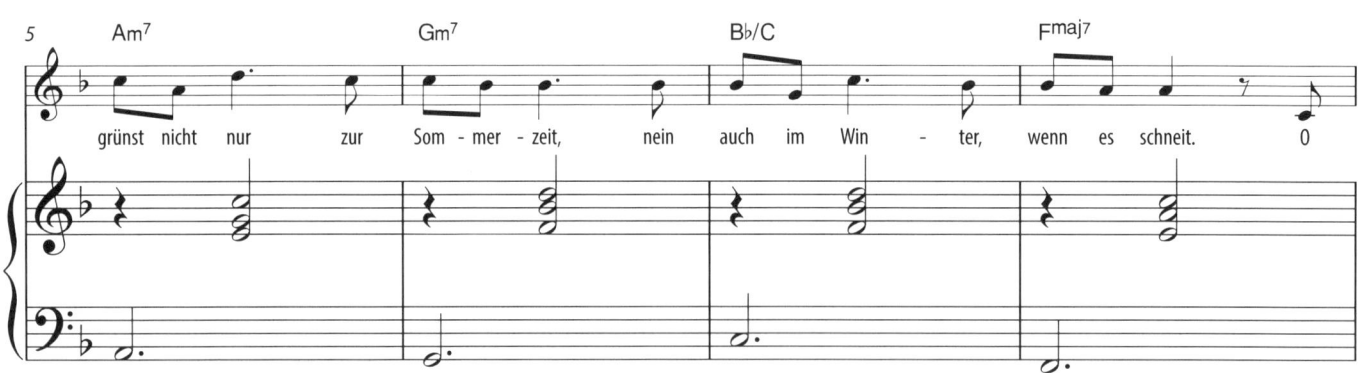

1
O Tannenbaum, o Tannenbaum,
Wie treu sind deine Blätter!
Du grünst nicht nur zur Sommerzeit,
Nein, auch im Winter, wenn es schneit.
O Tannenbaum, o Tannenbaum,
Wie grün sind deine Blätter!

2
O Tannenbaum, o Tannenbaum,
Du kannst mir sehr gefallen!
Wie oft hat nicht zur Weihnachtszeit
Ein Baum von dir mich hoch erfreut!
O Tannenbaum, o Tannenbaum,
Du kannst mir sehr gefallen!

3
O Tannenbaum, o Tannenbaum,
Dein Kleid will mich was lehren:
Die Hoffnung und Beständigkeit
Gibt Trost und Kraft zu jeder Zeit!
O Tannenbaum, o Tannenbaum,
Dein Kleid will mich was lehren.

© Copyright 2021 für diese Bearbeitung by Alfred Music Publishing GmbH, Köln

O Tannenbaum (O Christmas Tree)

Solo Piano
– à la Erik Satie –

Melodie aus einem altem Studentenlied
Bearbeitung: Florian Tekale

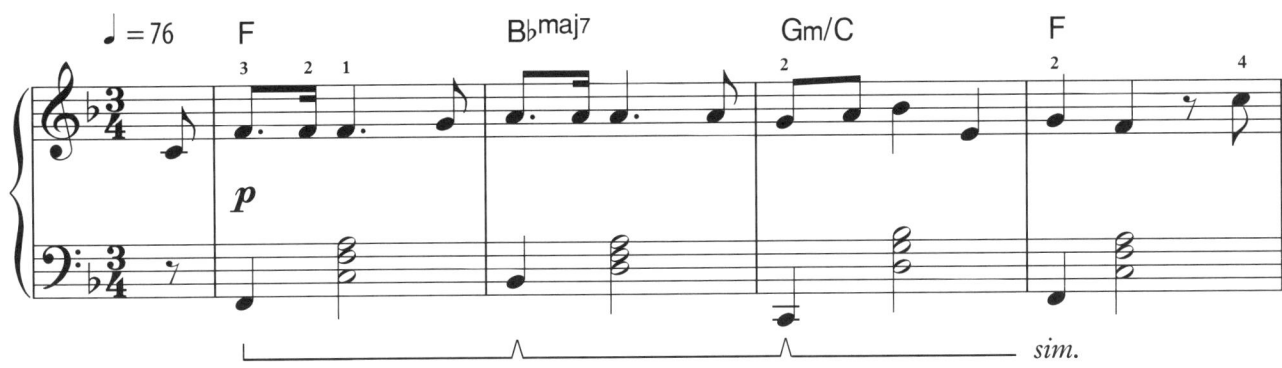

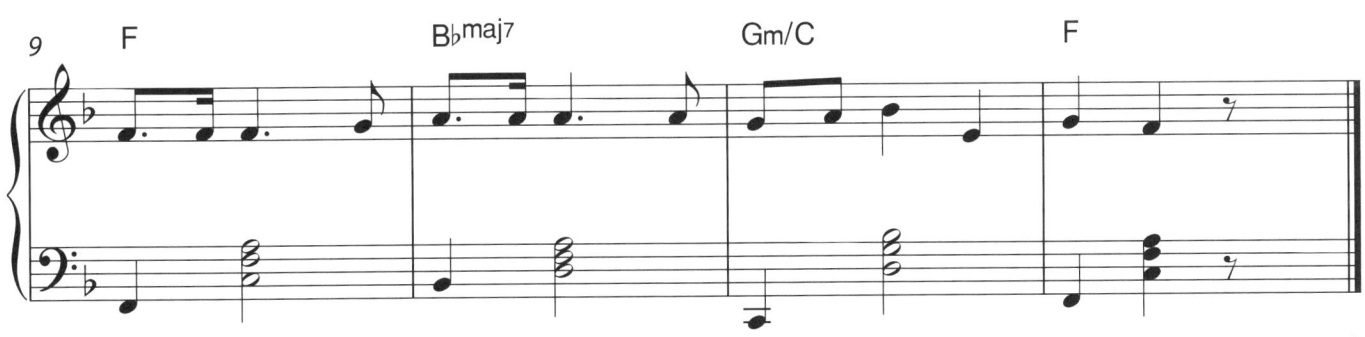

*Diese Art der Begleitung für die linke Hand findest du häufig bei **Erik Satie** (1866–1925), z. B. in seinem bekannten Klavierstück **Gymnopédie No. 1**:*

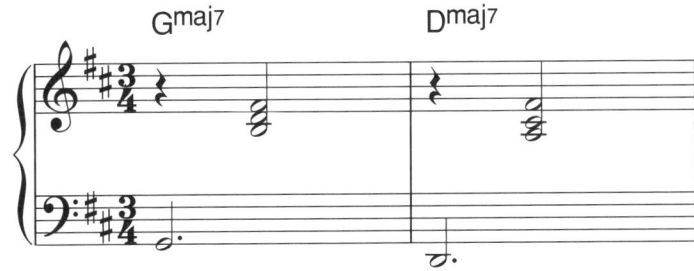

© Copyright 2021 für diese Bearbeitung by Alfred Music Publishing GmbH, Köln

Add⁹-Akkorde

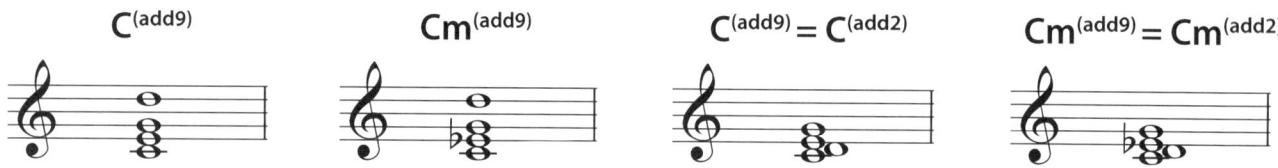

Add⁹-Akkorde sind eine Spezialität der Popmusik. Bei Akkorden, die mit dem Zusatz **add** gekennzeichnet werden, wird einem Dur- bzw. Moll-Dreiklang ein weiterer Ton hinzugefügt, der eigentlich nicht Bestandteil des Dreiklangs ist.

Add ist die englische Abkürzung für *added* (hinzugefügt). Die **Zahl** hinter dem add bezeichnet den hinzugefügten Ton im Verhältnis zum Grundton des Akkordes. Klingt kompliziert? Ist es aber nicht!

Beispiel: Wenn ein C-Dur-Akkord (c – e – g) mit einem zusätzlichen d angereichert wird, nennt man das neue Akkordgebilde **C⁽ᵃᵈᵈ²⁾** oder **C⁽ᵃᵈᵈ⁹⁾**. Der Grundton c ist in dem Fall die **1**, das **d** die **2** (**Sekunde**) oder **9** (**None**) – je nach Lage des Tones d. Die Bezeichnungen **add⁹** und **add²** werden aufgrund der Tongleichheit oft synonym verwendet.

Typische Piano Voicings in Dur

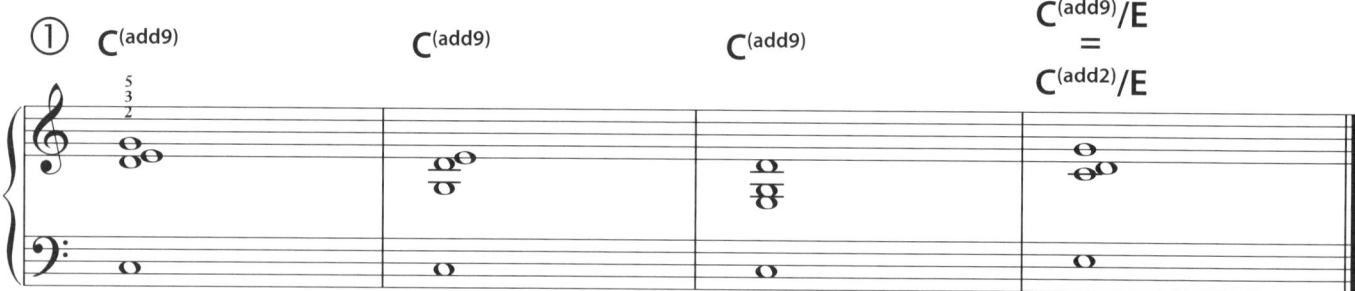

Die in Beispiel ① dargestellten Voicings lassen sich natürlich auch auf C-Moll übertragen (Es statt E!).

Akkordfolge mit add⁹-Akkorden

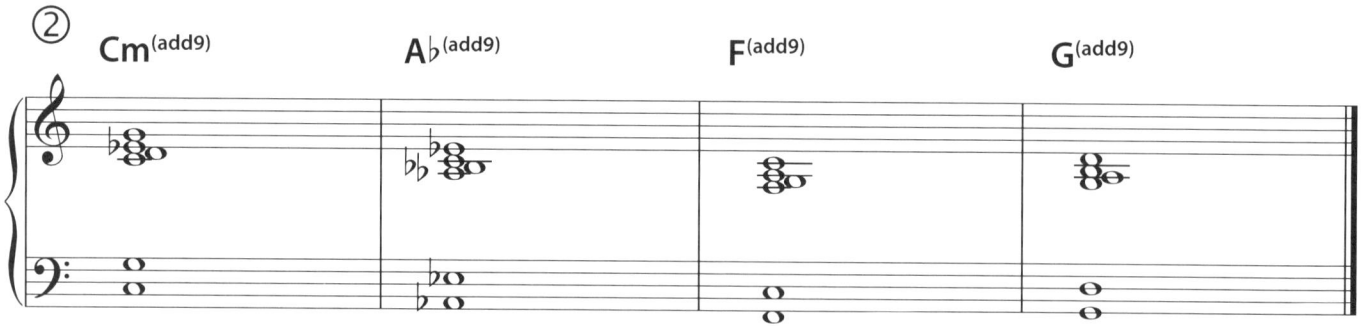

Nonenvorhalt

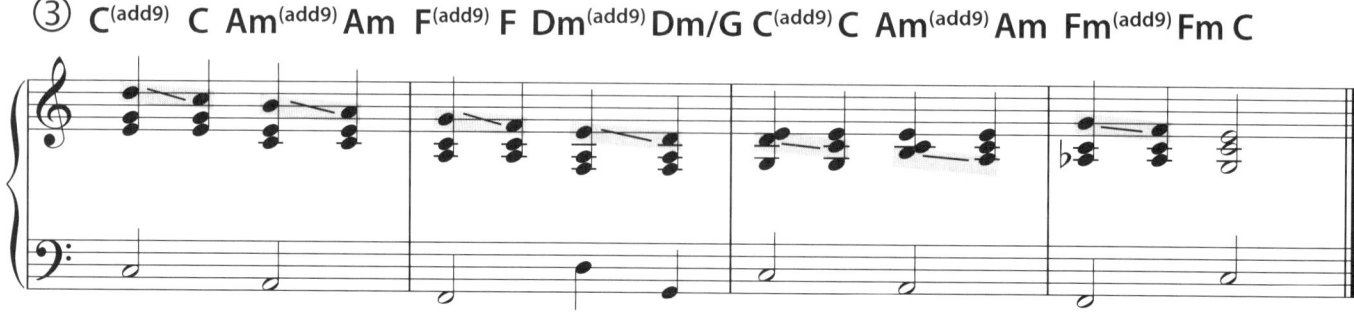

We Wish You a Merry Christmas

Songbegleitung
– mit add⁹-Akkorden –

Musik & Text: aus England (16. Jahrhundert)
Bearbeitung: Florian Tekale

Begleitung mit Akkordbrechungen

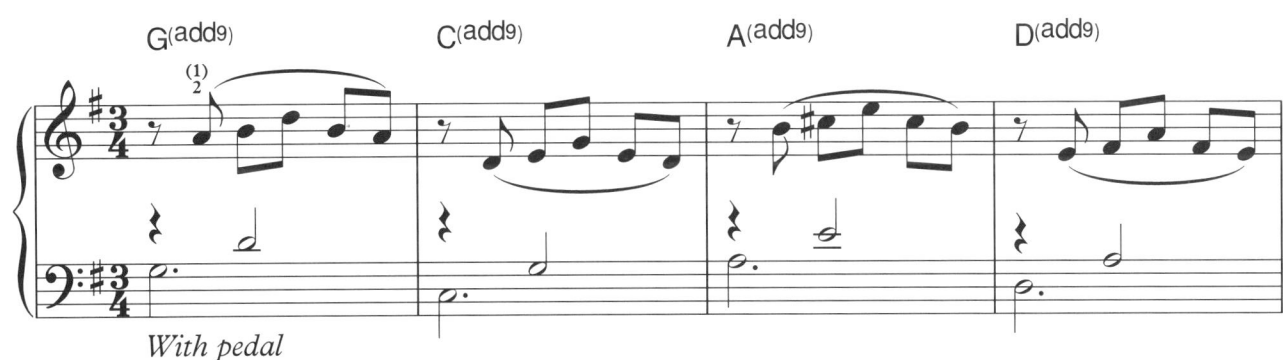

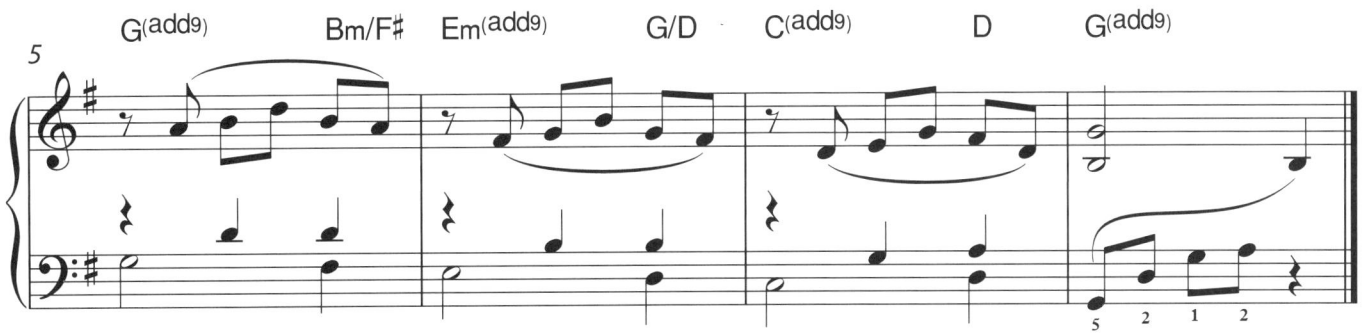

© Copyright 2021 für diese Bearbeitung by Alfred Music Publishing GmbH, Köln

TEIL 2 – Songbegleitung versus Solo Piano / Theorie

Die X-Mas-Pop-Formel

Die hier abgebildete Akkordfolge kommt in einem der bekanntesten Weihnachts-Pophits vor. Die *Pop-Formel*, die in diesem Fall den Erfolg garantiert, lautet:

I – VI – II – V (Stufen von C-Dur)

Akkordfolge:

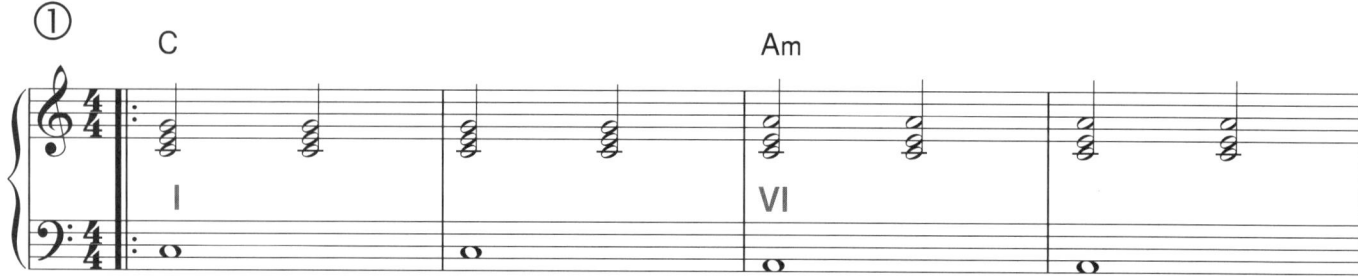

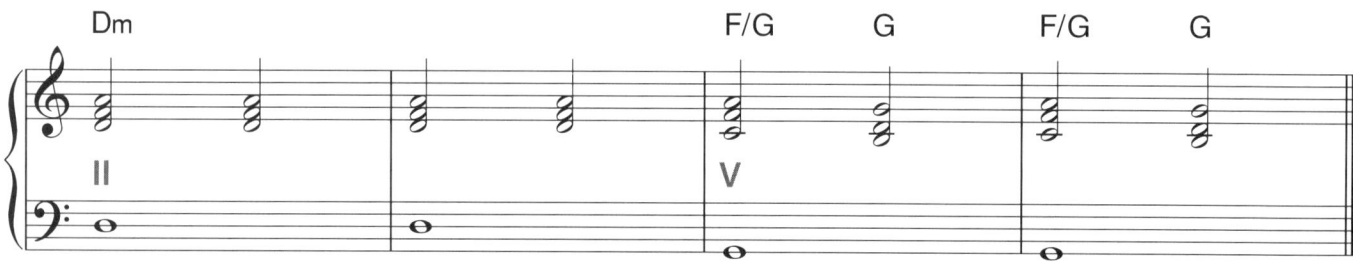

Wenn jetzt noch die entsprechenden *Zutaten* verwendet werden, wird das *Pop-Rezept* perfekt:

- Damit es groovt, spielst du:
mit der **linken Hand** einen *punktierten Rhythmus* in Kombination
mit *Achtelnoten* in der **rechten Hand** (Achtel-Beat, s. Beispiel ②).
- Die Akkordfolge, die ursprünglich nur aus einfachen Dur- und Mollakkorden besteht, kann mit *Nonenvorhalten* (s. Beispiel ③) angereichert werden. Das verleiht dem Akkordspiel mehr Spannung und sorgt zudem für einen typischen *80er-Jahre-Pop-Sound*, wie man ihn z. B. auch von **George Michaels** *Last Christmas* kennt.

Achtel-Beat

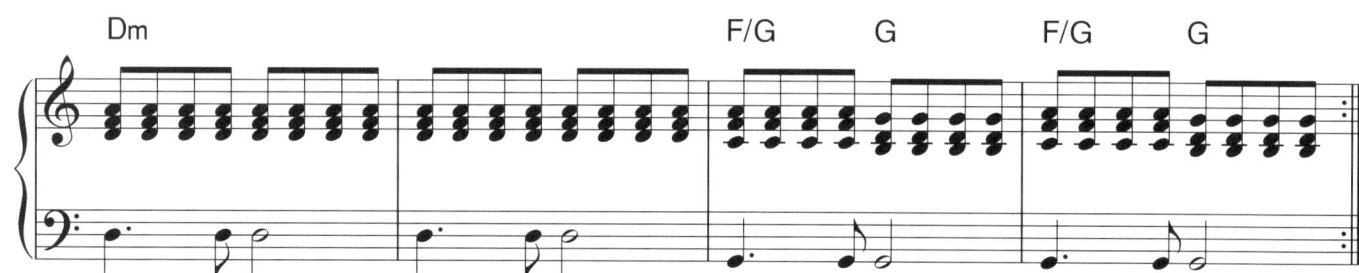

Nonenvorhalte

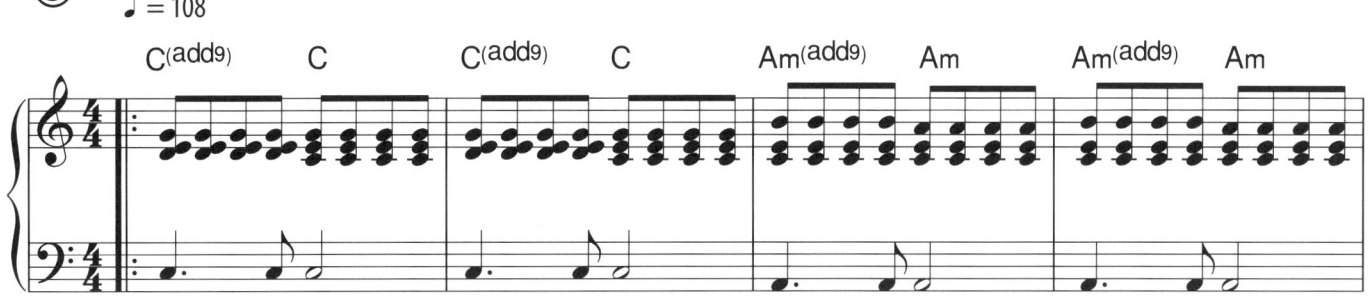

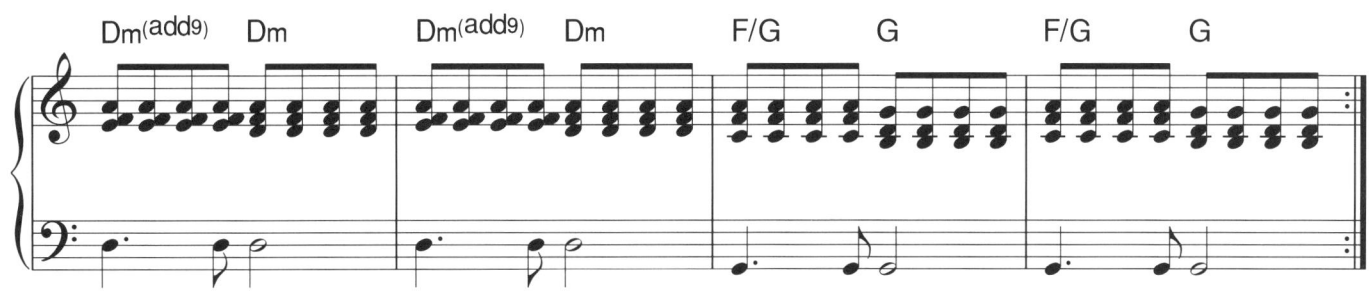

*Probier die Akkordfolge auch mal **einen Ganzton höher**, also in **D-Dur** (schwarze Tasten beachten!).*

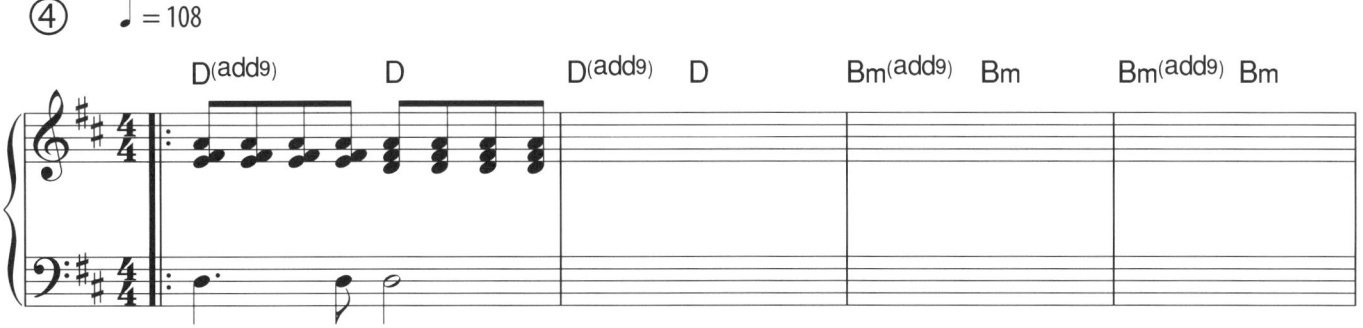

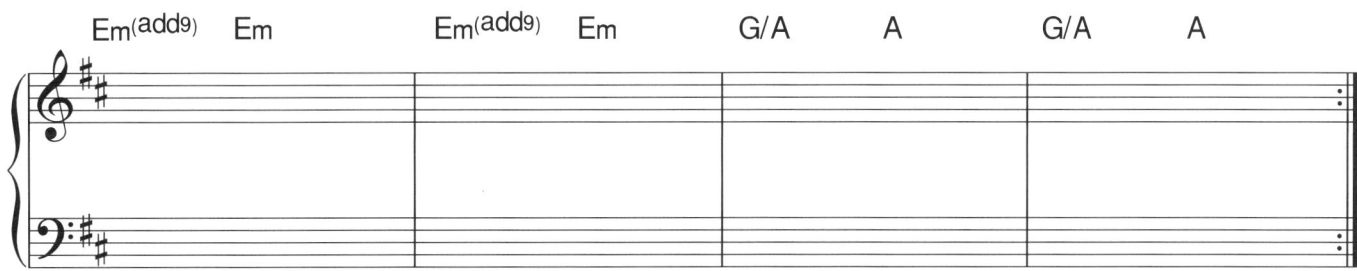

TEIL 2 – Songbegleitung versus Solo Piano / Theorie

Stille Nacht

Solo Piano
– mit verminderten und
halbverminderten Septakkorden –

Musik: Franz Xaver Gruber (1787–1863)
Bearbeitung: Florian Tekale

Demo Track 21

Verminderter Septakkord

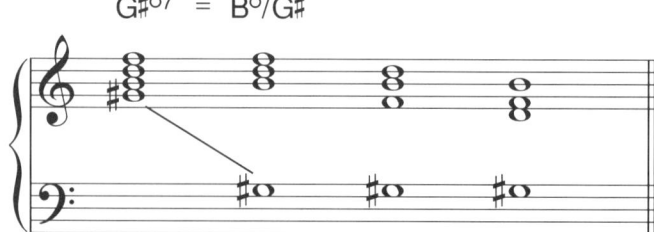

Der **verminderte Septakkord** besteht ausschließlich aus **kleinen Terzen**. Der **oberste Ton** ist eine **verminderte Septime** (= große Sexte).

Alternative Akkordsymbole:

$G\sharp^{o7}$ = $G\sharp^{dim7}$ = $G\sharp^{o}$

*Achtung! Die **0** bezeichnet lediglich den verminderten Dreiklang ohne Septime, findet sich aber in manchen Notenausgaben auch in verkürzter Form **ohne 7** für den verminderten Septakkord!*

Halbverminderter Septakkord

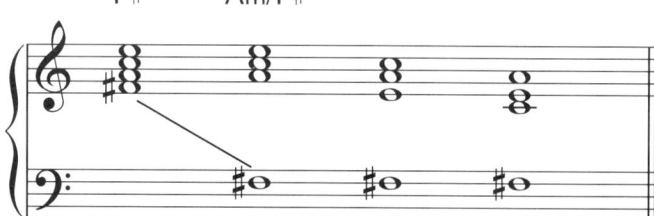

Der **halbverminderte Septakkord** besteht aus **zwei kleinen Terzen** und **einer großen Terz**. Der **oberste Ton** ist eine **kleine Septime**.

Alternative Akkordsymbole:

$F\sharp^{\emptyset}$ = $F\sharp^{\emptyset 7}$ = $F\sharp m^{7(\flat 5)}$

© Copyright 2021 für diese Bearbeitung by Alfred Music Publishing GmbH, Köln

Stille Nacht

Songbegleitung
– mit gebrochenen Akkorden –

Musik: Franz Xaver Gruber (1787–1863)
Dt. Text: Joseph Mohr (1792–1848)
Bearbeitung: Florian Tekale

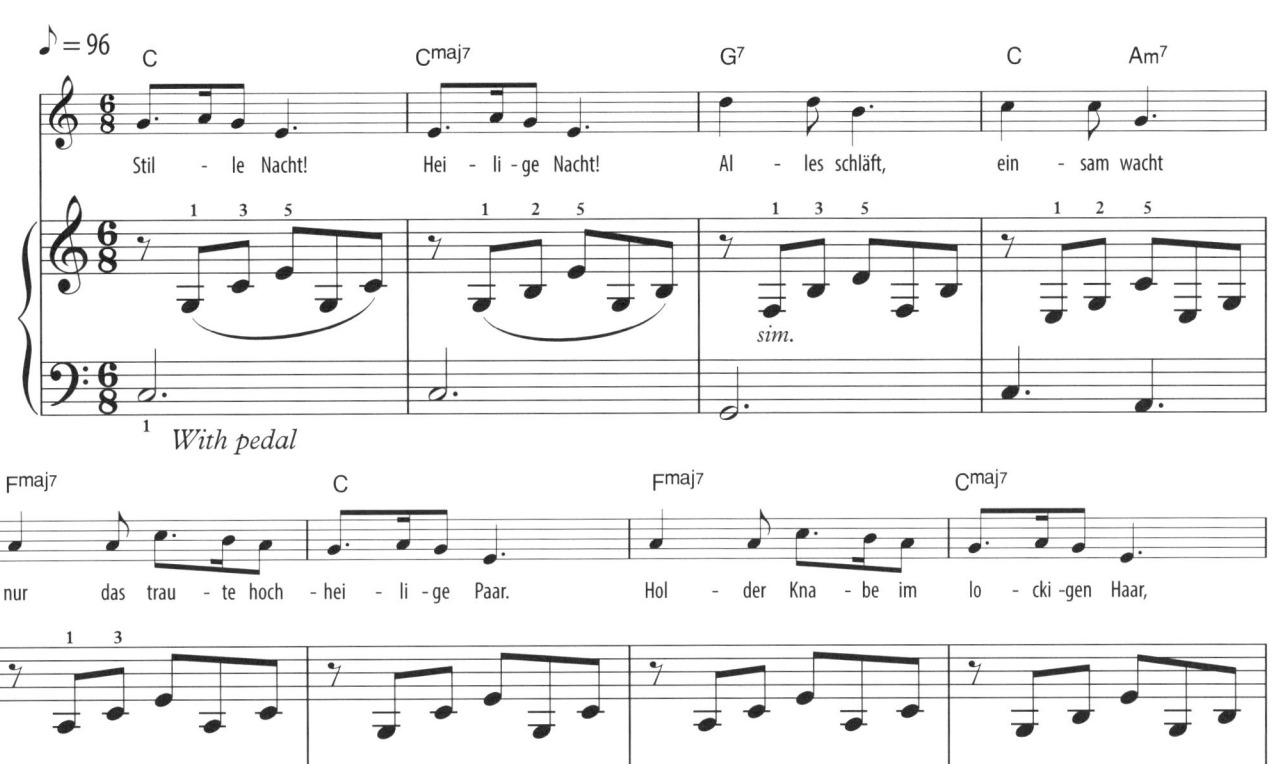

1
Stille Nacht, heilige Nacht!
Alles schläft, einsam wacht
Nur das traute, hochheilige Paar.
Holder Knabe im lockigen Haar,
Schlaf in himmlischer Ruh,
Schlaf in himmlischer Ruh.

2
Stille Nacht, heilige Nacht!
Gottes Sohn, o wie lacht
Lieb aus deinem göttlichen Mund,
Da uns schlägt die rettende Stund,
Christ, in deiner Geburt,
Christ, in deiner Geburt.

3
Stille Nacht! Heilige Nacht!
Die der Welt Heil gebracht,
Aus des Himmels goldenen Höh'n
Uns der Gnade Fülle lässt seh'n
Jesum in Menschengestalt!
Jesum in Menschengestalt!

*Weitere Strophen und den englischen Text zu **Silent Night** findest du auf den Seiten 16 und 17!*

© Copyright 2021 für diese Bearbeitung by Alfred Music Publishing GmbH, Köln

Fröhliche Weihnacht überall

Songbegleitung

Melodie: aus England (19. Jahrhundert)
Text: H. A. Hoffmann von Fallersleben (1798–1874)
Bearbeitung: Florian Tekale

© Copyright 2021 für diese Bearbeitung by Alfred Music Publishing GmbH, Köln

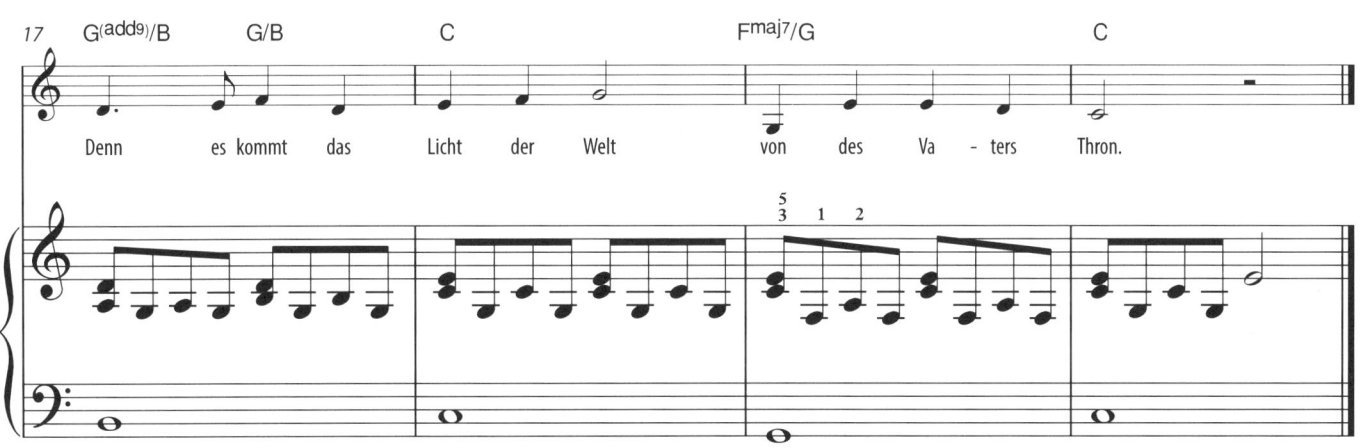

1

Fröhliche Weihnacht überall
Tönet durch die Lüfte froher Schall.
Weihnachtston, Weihnachtsbaum,
Weihnachtsduft in jedem Raum.
Fröhliche Weihnacht überall
Tönet durch die Lüfte froher Schall.
Darum alle stimmet ein
In den Jubelton;
Denn es kommt das Licht der Welt
Von des Vaters Thron.

2

Fröhliche Weihnacht überall
Tönet durch die Lüfte froher Schall.
Weihnachtston, Weihnachtsbaum,
Weihnachtsduft in jedem Raum.
Fröhliche Weihnacht überall
Tönet durch die Lüfte froher Schall.
Licht auf dunklen Wegen,
Unser Licht bist du;
Denn du führst, die dir vertrau'n,
Ein zur sel'gen Ruh.

3

Fröhliche Weihnacht überall
Tönet durch die Lüfte froher Schall.
Weihnachtston, Weihnachtsbaum,
Weihnachtsduft in jedem Raum.
Fröhliche Weihnacht überall
Tönet durch die Lüfte froher Schall.
Was wir andern taten,
Sei getan für dich,
Dass bekennen jeder muss:
Christkind kam für mich.

© Copyright 2021 für diese Bearbeitung by Alfred Music Publishing GmbH, Köln

TEIL 2 – Songbegleitung versus Solo Piano / Theorie

Oh du fröhliche

Songbegleitung

Musik: Johann Gottfried Herder (1744–1803)
nach „O santissima, o purissima" aus Sizilien
Text: Johannes Daniel Falk (1768–1826) und
Heinrich Holzschuher (1798–1847)
Bearbeitung: Florian Tekale

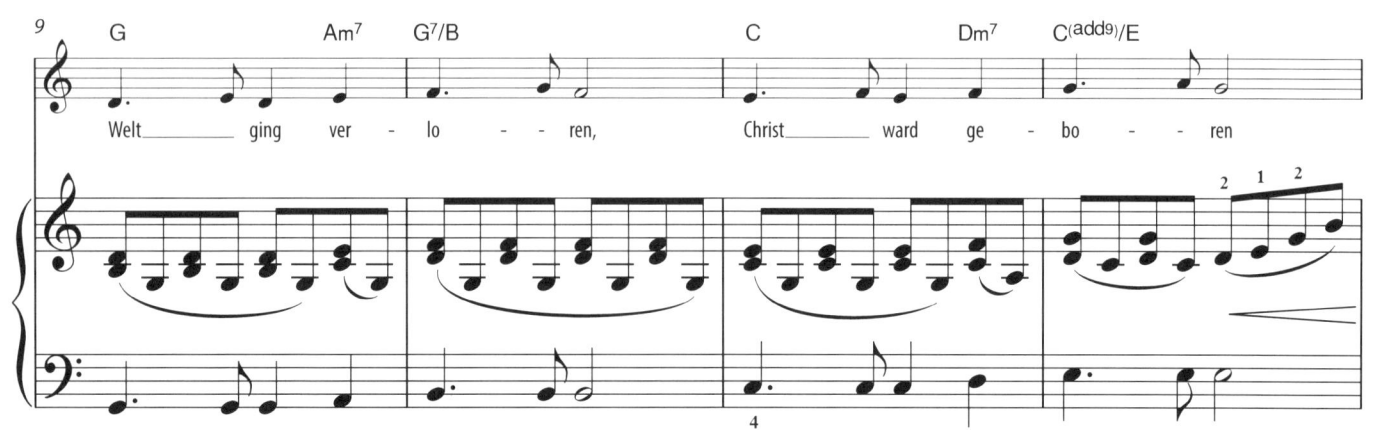

© Copyright 2021 für diese Bearbeitung by Alfred Music Publishing GmbH, Köln

Pop Piano School – X-Mas Special

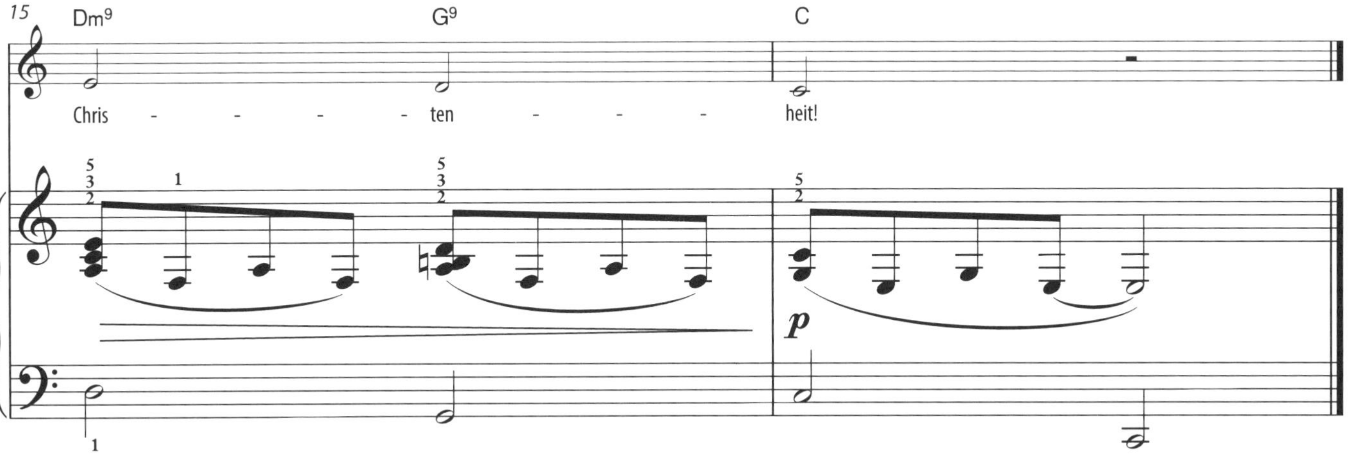

1	2	3
Oh du fröhliche, oh du selige, Gnaden bringende Weihnachtszeit! Welt ging verloren, Christ ward geboren: Freue, freue dich, oh Christenheit!	Oh du fröhliche, oh du selige, Gnaden bringende Weihnachtszeit! Christ ist erschienen, uns zu versöhnen: Freue, freue dich, oh Christenheit!	Oh du fröhliche, oh du selige, Gnaden bringende Weihnachtszeit! Himmlische Heere jauchzen dir Ehre: Freue, freue dich, oh Christenheit!

*Die Melodie von **Oh du fröhliche** basiert auf einer sizilianischen Volksweise aus dem 18. Jahrhundert.*
*<u>Eine Version für **Solo Piano** findest du auf den Seiten 66 bis 67.</u>*

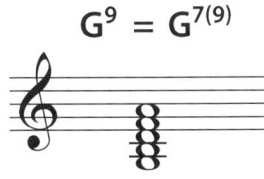

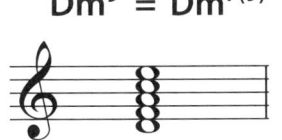

Akkordschreibweise

Um die Schreibweise von Akkordsymbolen zu vereinfachen, wird häufig nur der *oberste Optionston* angegeben, der die unteren Optionen mit einschließt:

Die 9 schließt die 7 ein.
Die 11 würde 7 und 9 einschließen – nach dem Prinzip der *Terzschichtung*.

Soll dagegen nur eine **9 als Option** gespielt werden – *ohne die 7* –, dann wird die Bezeichnung **add 9** verwendet.

© Copyright 2021 für diese Bearbeitung by Alfred Music Publishing GmbH, Köln

TEIL 2 – Songbegleitung versus Solo Piano / Theorie

Akkorde in weiter Lage
Enge Lage – Weite Lage

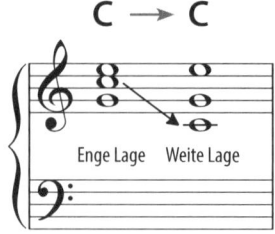
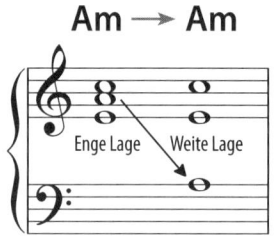
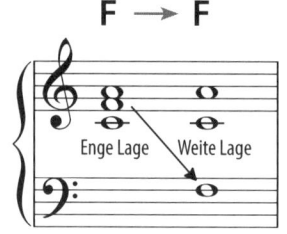
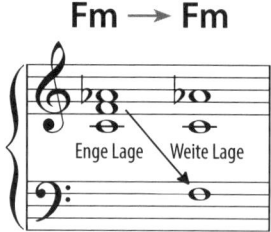

Bei *weiten Lagen* liegen der oberste und der unterste Akkordton *mehr als eine Oktave* auseinander. Akkorde in weiter Lage lassen sich sehr leicht greifen, wenn man die Töne auf *zwei Hände* verteilt:

Weite Lagen auf zwei Hände verteilt

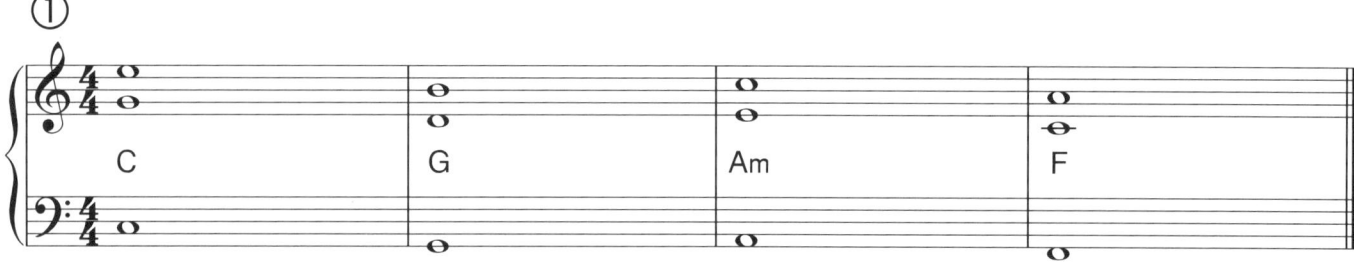

Akkordbrechung

Sehr beliebt: Gebrochene Akkorde in weiter Lage als Begleitung für die linke Hand:

Stille Nacht (Silent Night)

Songbegleitung
– Akkordbrechung: Weite Lage –

Musik: Franz Xaver Gruber (1787–1863)
Dt. Text: Joseph Mohr (1792–1848)
Engl. Text: Anonym
Bearbeitung: Florian Tekale

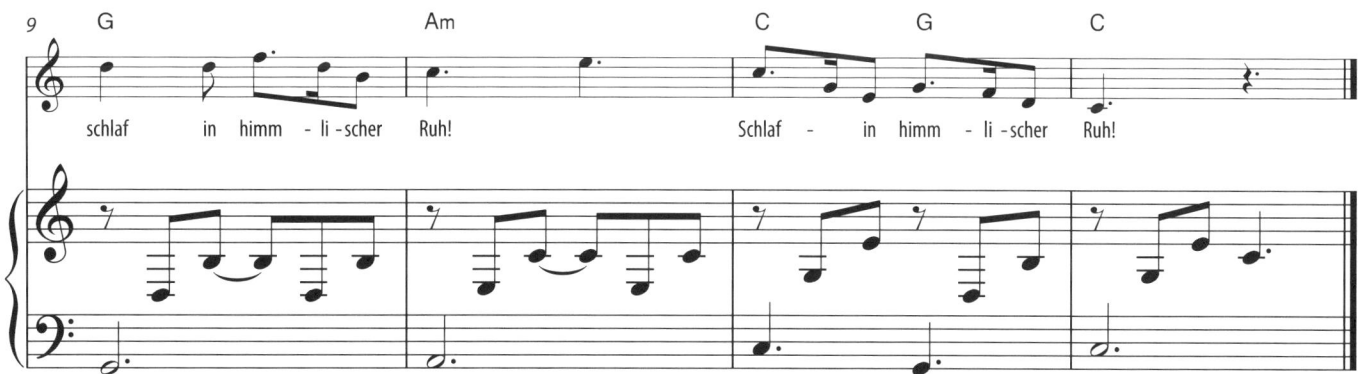

*Probier auch mal, **andere Weihnachtslieder** mit Akkorden in weiten Lagen zu begleiten, z.B.*
***Ihr Kinderlein kommet** oder **Süßer die Glocken nie klingen**!*
Bei der Wahl der Begleit-Patterns musst du natürlich die jeweilige Taktart beachten!
<u>*Die vollständigen Strophentexte des deutschen und englischen Textes findest du auf den Seiten 16 und 17!*</u>

TEIL 2 – Songbegleitung versus Solo Piano / Theorie

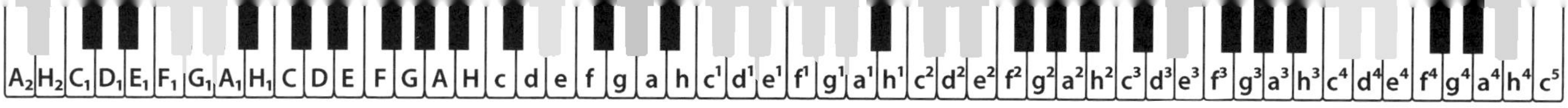

* In **Takt 6** kann das h in der linken Hand durch g ersetzt werden (Oktave statt Dezime). Ansonsten reibt sich das h ein wenig mit dem c in der rechten Hand. Das ist aber letztlich Geschmackssache.

<u>*Die Strophentexte zu* **Süßer die Glocken nie klingen** *findest du auf Seite 11.*</u>

Tipps

- Du kannst beide Hände auch eine Oktave höher spielen, z.B. bei der Wiederholung.
- Alternativ kannst du mit der linken Hand ein **Achtel-Pattern** spielen:

Selbstverständlich können beide Hände auch wieder eine Oktave höher gespielt werden.

- Die für die linke Hand notierten Akkorde in weiten Lagen kannst du auch verwenden, um z. B. Gesang zu begleiten: Dabei werden die Töne auf beide Hände verteilt (siehe S. 44).

© Copyright 2021 für diese Bearbeitung by Alfred Music Publishing GmbH, Köln

Leise rieselt der Schnee

Einfache Songbegleitung

Musik & Text: Eduard Ebel (1839-1905)
Bearbeitung: Florian Tekale

1

Leise rieselt der Schnee,
Still und starr liegt der See,
Weihnachtlich glänzet der Wald,
Freue dich, Christkind kommt bald!

2

In den Herzen ist's warm;
Still schweigt Kummer und Harm.
Sorge des Lebens verhallt;
Freue dich, Christkind kommt bald!

*Auf den Seiten 52 und 53 findest du mehrere Versionen für **Solo Piano**.*

© Copyright 2021 für diese Bearbeitung by Alfred Music Publishing GmbH, Köln

Leise rieselt der Schnee
Songbegleitung für Fortgeschrittene

Musik & Text: Eduard Ebel (1839-1905)
Bearbeitung: Florian Tekale

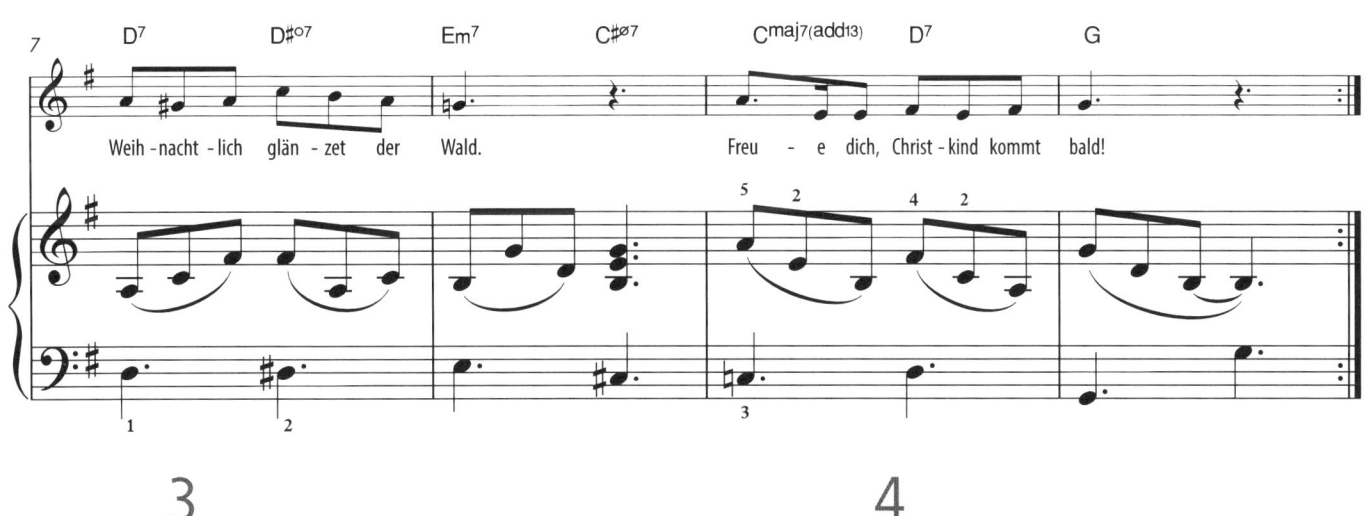

3
S Kindlein, göttlich und arm,
Macht die Herzen so warm,
Strahle, du Stern überm Wald,
Freue dich, Christkind kommt bald!

4
Bald ist heilige Nacht,
Chor der Engel erwacht;
Horch nur, wie lieblich es schallt,
Freue dich, Christkind kommt bald!

Tipp: *Die Wiederholung muss nicht genau gleich gespielt werden. In der Popmusik wird auch gerne mal improvisiert. Probier doch mal im zweiten Durchgang Akkordbrechungen mit Sechzehntelnoten aus.*

© Copyright 2021 für diese Bearbeitung by Alfred Music Publishing GmbH, Köln

TEIL 2 – Songbegleitung versus Solo Piano / Theorie

Arrangieren für Solo Piano in drei Schritten
Grundlage: Leadsheet

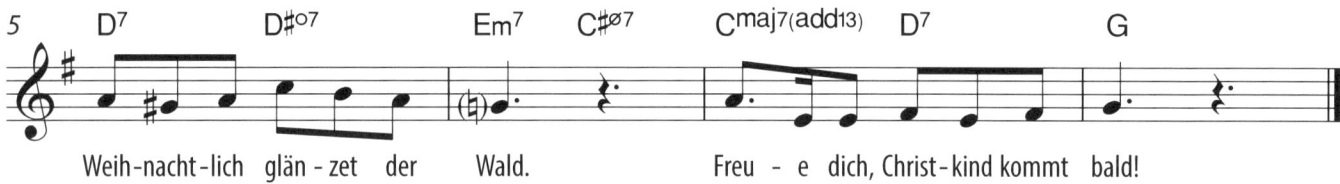

Schritt 1:

Spiele zunächst nur die im *Leadsheet* angegebenen Akkorde. Versuche dabei, die in den Akkordsymbolen enthaltene Information möglichst vollständig umzusetzen: also Berücksichtigung von *Optionstönen* wie Septimen etc. Achte auch auf explizit angegebene *Basstöne* (*Slash Chords*).

Die Lage der Akkorde (meist *Umkehrung* genannt) spielt im ersten Schritt noch eine untergeordnete Rolle; die Obertöne der Akkorde müssen sich in diesem Arbeitsschritt noch nicht unbedingt an der Melodie des Liedes orientieren. Rhythmus und Taktart des Stückes – d. h. wann die Akkorde wechseln – solltest du allerdings von Anfang an berücksichtigen.

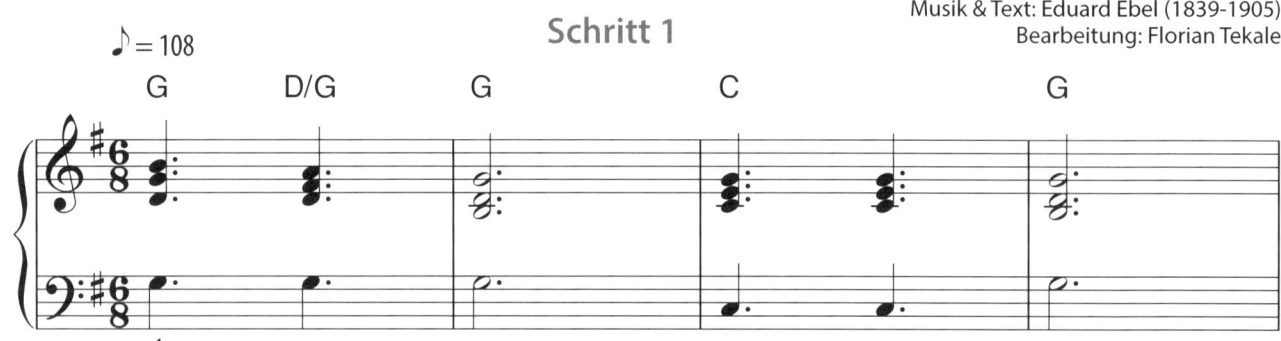

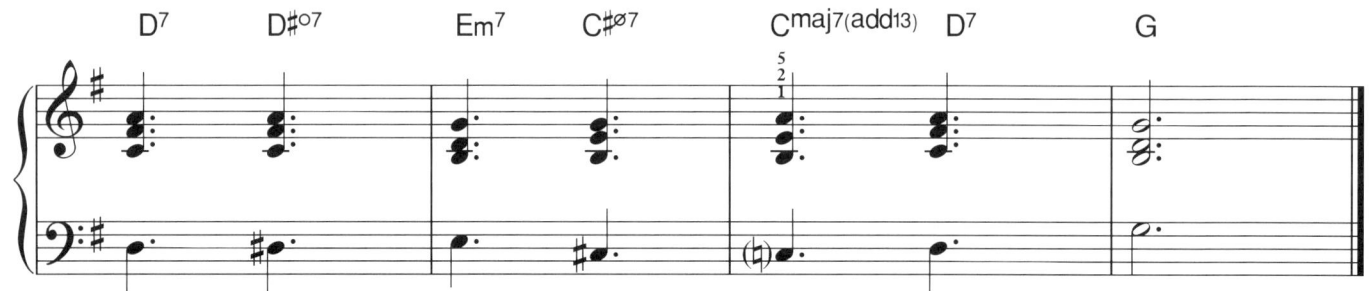

© Copyright 2021 für diese Bearbeitung by Alfred Music Publishing GmbH, Köln

Schritt 2:

Die rechte Hand spielt Akkorde UND Melodie. Jetzt müssen die Akkorde entsprechend gelegt werden:

Schritt 3:

Im dritten und letzten Schritt geht es um die Verfeinerung des Arrangements: Ausarbeitung von Bassfiguren für die linke Hand, geschickte Verteilung von Akkordtönen auf beide Hände. Eventuell können bei dem einen oder anderen Akkord weitere Optionen verwendet werden (z. B. add9). Denkbar sind auch zusätzlich eingebaute Akkorde, mit denen harmonische Übergänge geschaffen werden, wie in Takt 2:

© Copyright 2021 für diese Bearbeitungen by Alfred Music Publishing GmbH, Köln

TEIL 2 – Songbegleitung versus Solo Piano / Theorie

TEIL 3
Für Fortgeschrittene

Eine Frage des Stils ...

Das ist eine Frage, die sich dem fortgeschrittenen Pianisten früher oder später stellen wird. Mit wachsenden technischen Fähigkeiten und zunehmendem Wissen über harmonische Zusammenhänge wirst du irgendwann in der Lage sein, unterschiedliche Stile auf dem Klavier umzusetzen. Um dir einen kleinen Vorgeschmack zu geben, was auf dich warten könnte und welche pianistischen Möglichkeiten dir zur Verfügung stehen – vor allem, wenn du offen für verschiedene Musikrichtungen bist – zeige ich dir am Beispiel des folgenden, im Grunde simplen Weihnachtsliedes, was man auf dem Klavier so alles machen kann ...

Morgen kommt der Weihnachtsmann
Klassische Version

Melodie aus Frankreich („Ah, vous dirai – je Maman")
Text: H. A. Hoffmann von Fallersleben; (1798–1874)
Bearbeitung: Florian Tekale

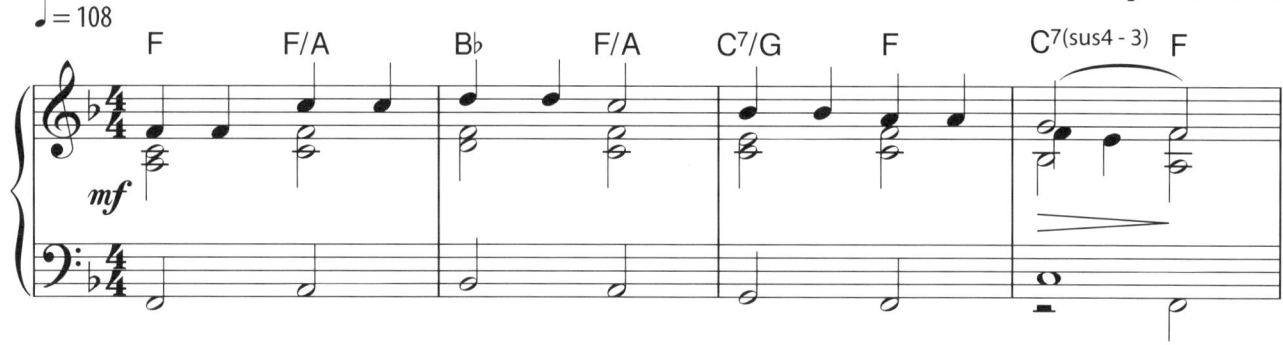

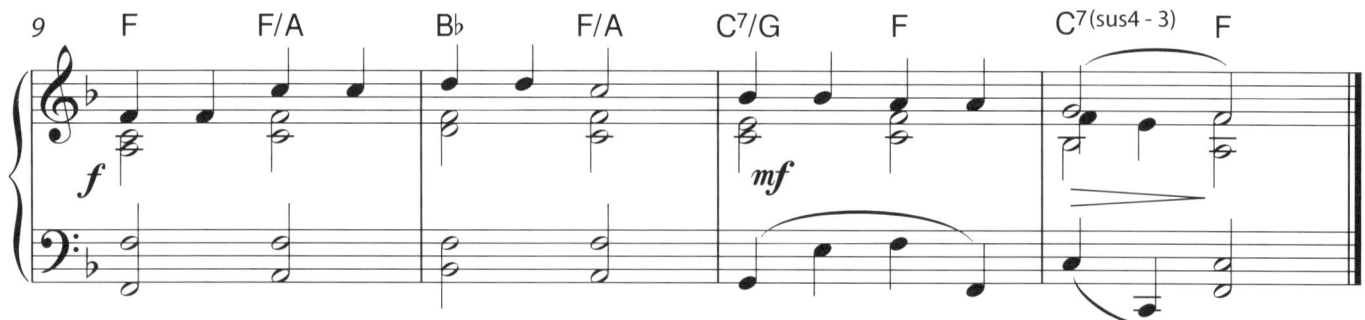

Bei einem *klassischen Klaviersatz* werden Dur- und Mollakkorde eher selten mit zusätzlichen Optionen erweitert. Natürlich werden häufig *Dominantseptakkorde* verwendet, die in der Popmusik eher vermieden bzw. häufig durch eine *Pop-Dominante* ersetzt werden.

Um harmonische Spannung zu erzeugen, werden in der Klassik – neben differenzierter Dynamik – Mittel eingesetzt, auf die auch in Jazz und Pop später zurückgegriffen wird: z. B. *Quartvorhalte* oder *verminderte Septakkorde* als spannungsreiche Durchgangsakkorde.

Bei klassischen Akkordwechseln wird stets eine elegante Stimmführung gepflegt, z. B. durch Vermeiden von Quintparallelen. Die Regeln des klassischen Tonsatzes sollen aber in diesem Buch mit Schwerpunkt *Pop Piano* nicht weiter vertieft werden.

© Copyright 2021 für diese Bearbeitung by Alfred Music Publishing GmbH, Köln

Morgen kommt der Weihnachtsmann

Pop Ballade

Melodie aus Frankreich („Ah, vous dirai – je Maman")
Text: H. A. Hoffmann von Fallersleben; (1798–1874)
Bearbeitung: Florian Tekale

Bestimmte Akkordtypen wie m^7 und maj^7 gehören zu den Aushängeschildern der Popmusik und sind daher bewährte Zutaten eines typischen Pop-Arrangements.

Auch beliebt: Optionen wie add^9 (bei Dur- und Mollakkorden) oder add^{11} (bei Mollakkorden).

Allerdings solltest du es mit add^9-Akkorden – vor allem in Dur – nicht übertreiben, sonst klingt dein Arrangement schnell nach 80er-Jahre-Pop (es sei denn, das ist von dir gewollt).

*Die Strophentexte zu **Morgen kommt der Weihnachtsmann** findest du auf Seite 14.*

© Copyright 2021 für diese Bearbeitung by Alfred Music Publishing GmbH, Köln

TEIL 3 – *Für Fortgeschrittene*

Morgen kommt der Weihnachtsmann

Jazz Ballade

Melodie aus Frankreich („Ah, vous dirai – je Maman")
Text: H. A. Hoffmann von Fallersleben; (1798–1874)
Bearbeitung: Florian Tekale

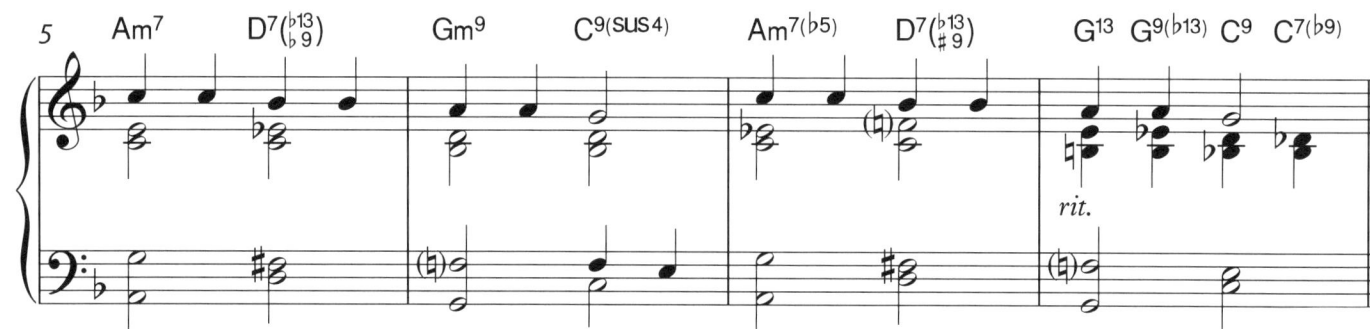

Jetzt wird's interessant: ein klassisches Thema *jazzig* zu arrangieren – das ist eine Herausforderung und nicht so leicht, wenn man noch nicht so viel Erfahrung mit dem Bearbeiten von Stücken hat. Die Jazzharmonik ist im Grunde eine Weiterentwicklung der klassischen Harmonielehre. Dadurch wird das Ganze natürlich etwas komplizierter. Falls du der Meinung sein solltest, dass die in POP PIANO SCHOOL oder in diesem Buch behandelten Akkorde *schwierig* sind, dann wirst du dich jetzt wahrscheinlich ausklinken wollen. Aber selbst, wenn du nicht jeden Jazz-Akkord auf Anhieb nachvollziehen kannst, so kannst du trotzdem die Noten dieser Jazz-Bearbeitung studieren und dich auf eine – vielleicht ungewohnte – Hörerfahrung einlassen ...

Letztlich sind Jazz-Akkorde auch kein Hexenwerk – selbst solche *Akkord-Ungeheuer* wie $D^{7\flat9(\flat13)}$ sind eigentlich ganz logisch erklärbar: Jazz-Akkorde haben häufig eben mehr als nur eine Option; so kann zu einer Septime z.B. auch eine ♭9 hinzukommen, eine um einen Halbton erniedrigte None. Und dann kann auch noch eine ♭13 obendrauf gepackt werden – was eigentlich die gleiche Note ist wie eine ♯5, also eine um einen Halbton erhöhte Quinte.

Jazz Arrangements zeichnen sich in der Regel auch dadurch aus, dass die ursprüngliche Akkordfolge mehr oder weniger *reharmonisiert* wird.

© Copyright 2021 für diese Bearbeitung by Alfred Music Publishing GmbH, Köln

Morgen kommt der Weihnachtsmann

Boogie Woogie

Melodie aus Frankreich („Ah, vous dirai – je Maman")
Text: H. A. Hoffmann von Fallersleben; (1798–1874)
Bearbeitung: Florian Tekale

Charakteristisch für die *Boogie-Woogie-Spielweise* sind die typischen, meist gleichbleibenden Bassfiguren sowie der triolische Rhythmus.

Stilprägend ist auch die Verwendung von *Vorschlagnoten* (*Blue Notes*), *siehe dazu S. 60.*

© Copyright 2021 für diese Bearbeitung by Alfred Music Publishing GmbH, Köln

TEIL 3 – Für Fortgeschrittene

Morgen kommt der Weihnachtsmann

Samba

Melodie aus Frankreich („Ah, vous dirai – je Maman")
Text: H. A. Hoffmann von Fallersleben; (1798–1874)
Bearbeitung: Florian Tekale

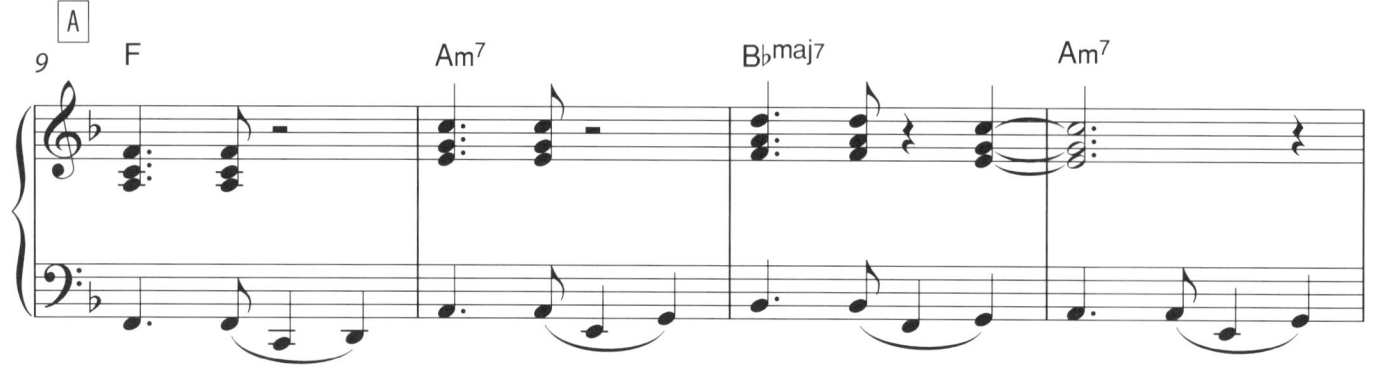

© Copyright 2021 für diese Bearbeitung by Alfred Music Publishing GmbH, Köln

Beim Samba kommen – wie auch bei anderen lateinamerikanischen Stilen – typische Bassfiguren zum Einsatz, die das rhythmische Fundament bilden und dazu animieren, das Tanzbein zu schwingen.

Auch die Melodie eines Stückes wird bei einem Latin-Arrangement oft rhythmisch verändert. Dabei werden *synkopierte Rhythmen* bevorzugt, bei denen *Töne rhythmisch verschoben* werden, die im Original eigentlich auf geraden, betonten Zählzeiten sitzen.

Die Akkorde werden beim Samba meist im Sinne der Pop- oder Jazzharmonik verändert.

© Copyright 2021 für diese Bearbeitung by Alfred Music Publishing GmbH, Köln

TEIL 3 – *Für Fortgeschrittene*

Vorschlagnoten
Kurze Vorschläge

Notation: **Ausführung:**

①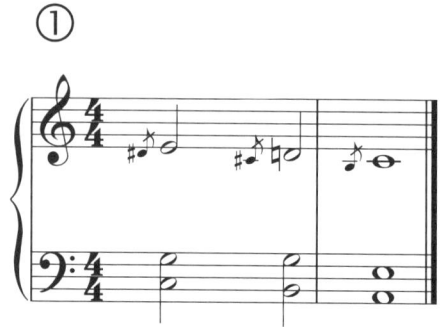

Der Zeigefinger rutscht von der schwarzen auf die weiße Taste.

Bei der Ausführung von *kurzen* Vorschlägen sind *verschiedene Fingersätze* möglich (*siehe Beispiel* ①).

②

Um Dissonanzen zu vermeiden, sollte das Haltepedal ein wenig zeitverzögert niedergetreten werden!

Vorschlagnoten können auch im Zusammenhang mit Doppelgriffen oder Akkorden gespielt werden:

③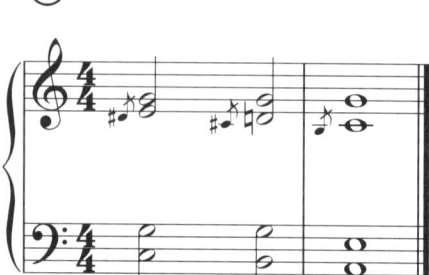

Bei bestimmten Musikstilen sind kurze Vorschläge besonders beliebt: z. B. Blues, Boogie Woogie, Jazz.

Fröhliche Weihnacht überall

Solo Piano
– mit Vorschlagnoten –

Melodie: aus England (19. Jahrhundert)
Text: H. A. Hoffmann von Fallersleben (1798–1874)
Bearbeitung: Florian Tekale

TEIL 3 – Für Fortgeschrittene

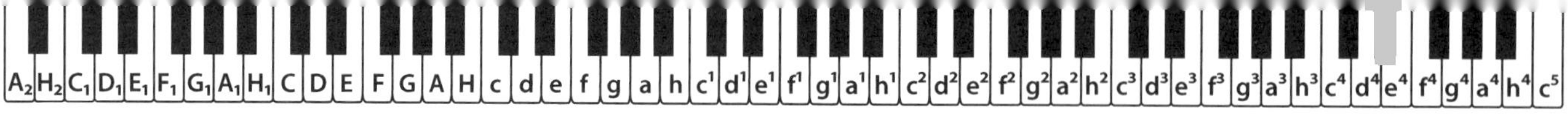

Lasst uns froh und munter sein

Songbegleitung

Musik & Text: aus dem Hunsrück oder Rheinland
Bearbeitung: Florian Tekale

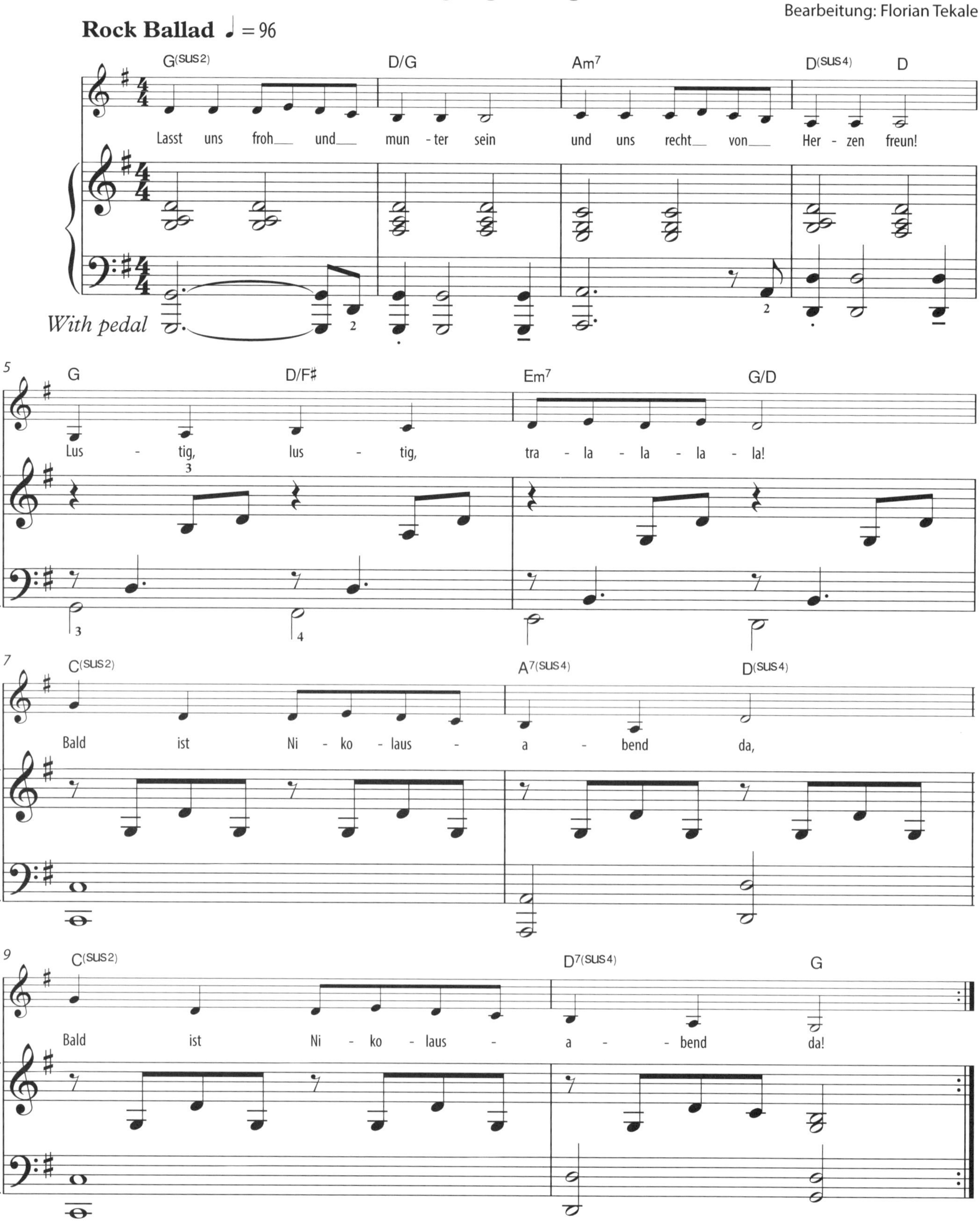

Rock Ballad ♩ = 96

Lasst uns froh und munter sein

Solo Piano

Musik & Text: aus dem Hunsrück oder Rheinland
Bearbeitung: Florian Tekale

Rock Ballad ♩ = 50

With pedal

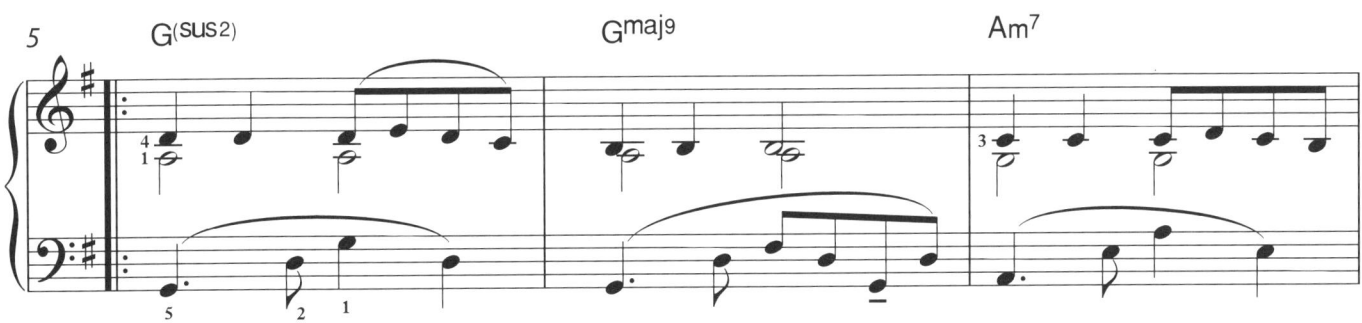

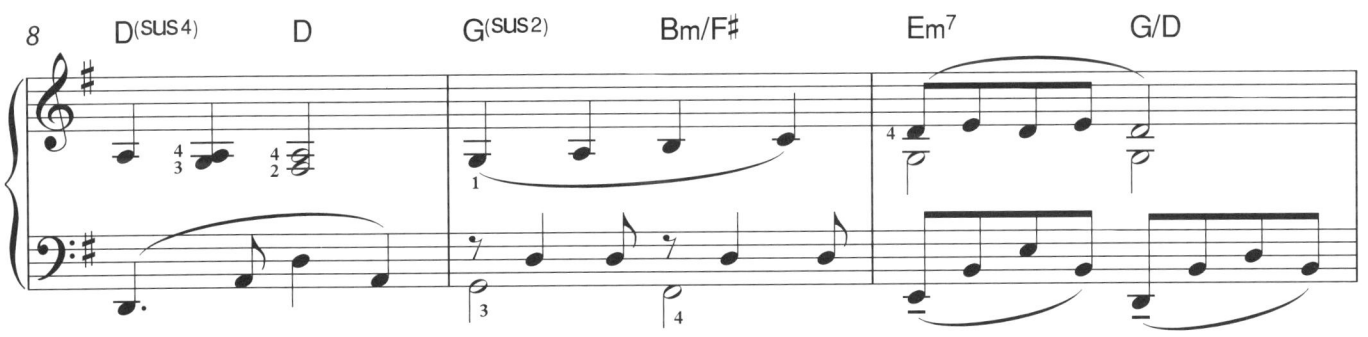

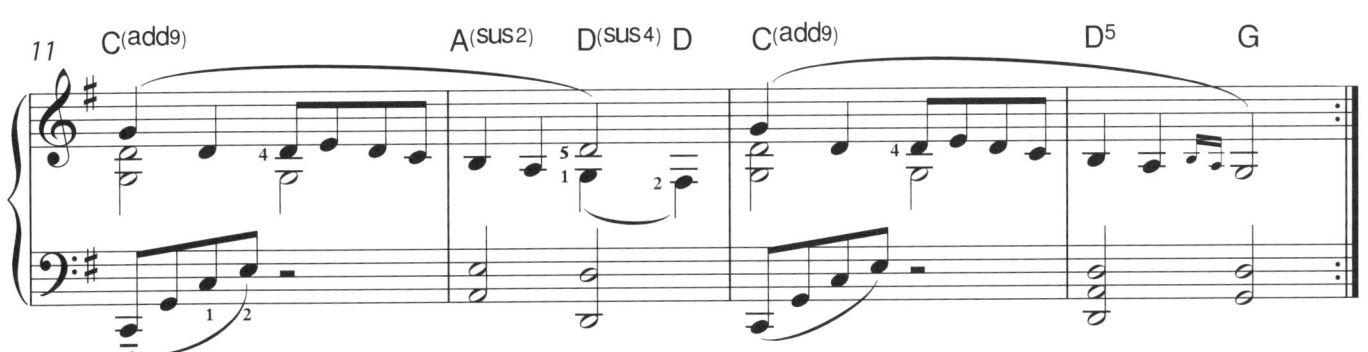

© Copyright 2021 für diese Bearbeitung by Alfred Music Publishing GmbH, Köln

TEIL 3 – Für Fortgeschrittene

Lasst uns froh und munter sein

Songbegleitung
– Rock 'n' Roll –

Musik & Text: aus dem Hunsrück oder Rheinland
Bearbeitung: Florian Tekale

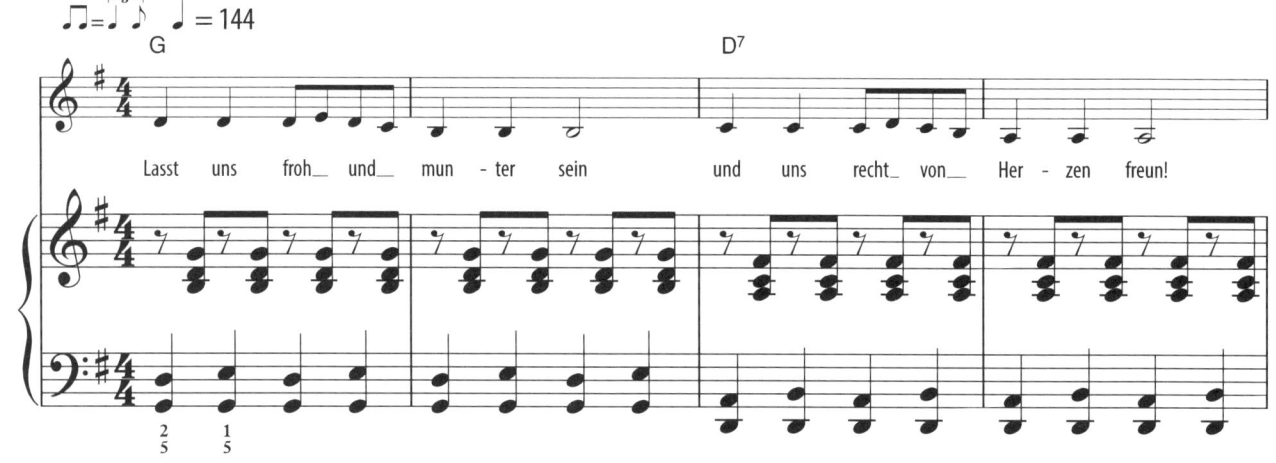

1
Lasst uns froh und munter sein
Und uns recht von Herzen freu'n.
Lustig, lustig, tralalalala,
Bald ist Nikolausabend da,
Bald ist Nikolausabend da.

2
Bald ist uns're Schule aus,
Dann zieh'n wir vergnügt nach Haus.
Lustig, lustig, tralalalala,
Bald ist Nikolausabend da,
Bald ist Nikolausabend da.

3
Dann stell ich den Teller auf,
Niklaus legt gewiss was auf.
Lustig, lustig, tralalalala,
Bald ist Nikolausabend da,
Bald ist Nikolausabend da.

4
Steht der Teller auf dem Tisch,
Sing ich nochmals froh und frisch.
Lustig, lustig, tralalalala,
Bald ist Nikolausabend da,
Bald ist Nikolausabend da.

© Copyright 2021 für diese Bearbeitung by Alfred Music Publishing GmbH, Köln

Lasst uns froh und munter sein

Solo Piano
– Boogie Woogie –

Musik & Text: aus dem Hunsrück oder Rheinland
Bearbeitung: Florian Tekale

Quinten/Sexten in LH

5

Wenn ich schlaf, dann träume ich:
Jetzt bringt Niklaus was für mich.
Lustig, lustig, tralalalala,
Bald ist Nikolausabend da,
Bald ist Nikolausabend da.

6

Wenn ich aufgestanden bin,
Lauf ich schnell zum Teller hin.
Lustig, lustig, tralalalala,
Bald ist Nikolausabend da,
Bald ist Nikolausabend da.

7

Niklaus ist ein guter Mann,
Dem man nicht genug danken kann.
Lustig, lustig, tralalalala,
Bald ist Nikolausabend da,
Bald ist Nikolausabend da.

© Copyright 2021 für diese Bearbeitung by Alfred Music Publishing GmbH, Köln

TEIL 3 – *Für Fortgeschrittene*

Oh du fröhliche

Solo Piano
– Jazz Waltz –

Musik: Johann Gottfried Herder (1744–1803)
nach „O santissima, o purissima" aus Sizilien
Text: Johannes Daniel Falk (1768–1826) und
Heinrich Holzschuher (1798–1847)
Bearbeitung: Florian Tekale

© Copyright 2021 für diese Bearbeitung by Alfred Music Publishing GmbH, Köln

Pop Piano School – *X-Mas Special*

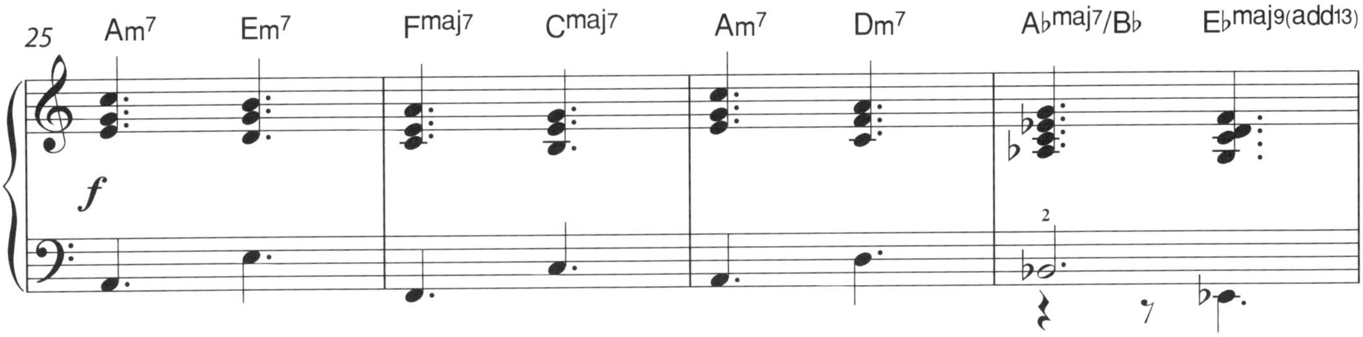

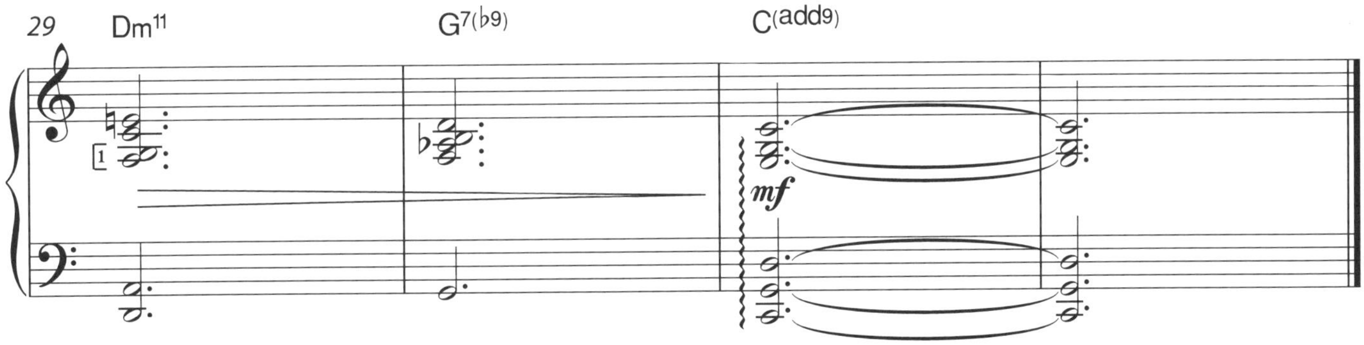

Jazz Waltz Patterns
Für Songbegleitung

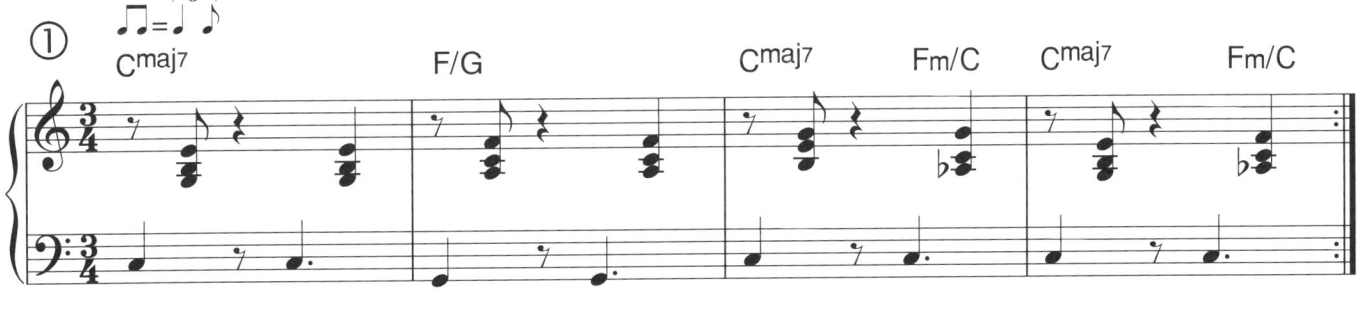

*Die Strophentexte zu **Oh du fröhliche** findest du auf Seite 43.*

Jingle Bells

Solo Piano

40
Demo Track

James Lord Pierpont (1822–1893)
Bearbeitung: Florian Tekale

Moderately slow, with expression ♩ = ca. 80

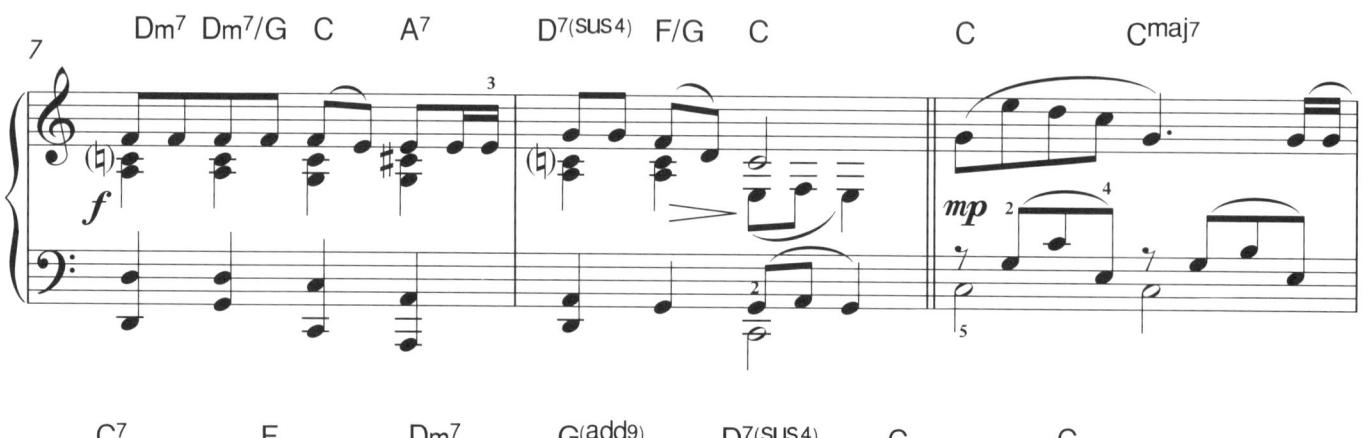

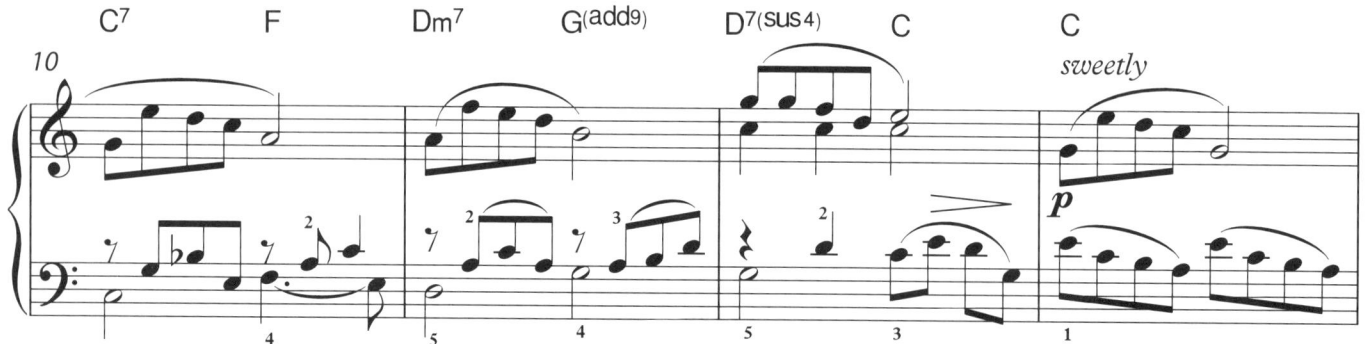

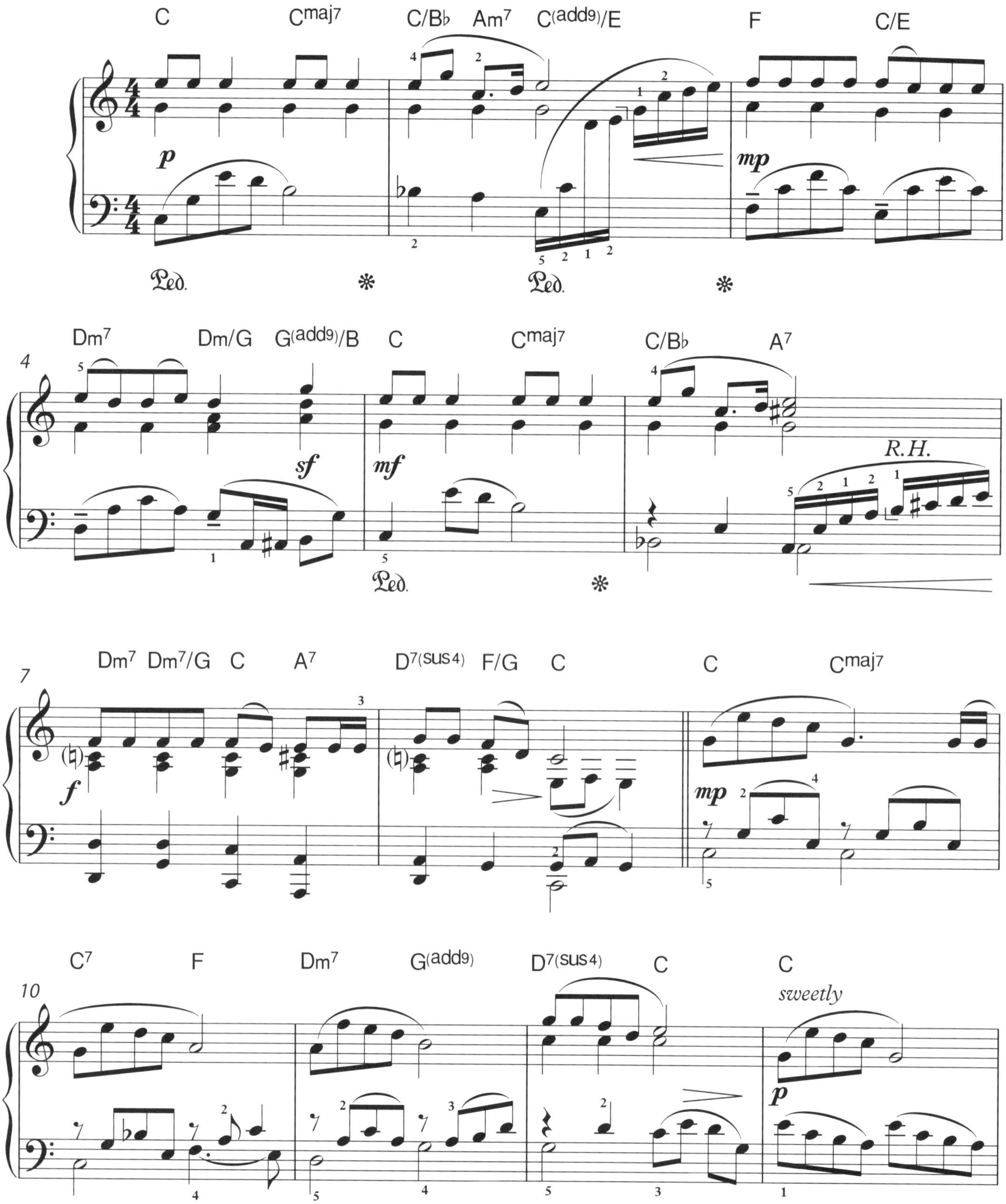

Die Strophentexte zu **Jingle Bells** findest du auf Seite 25.

TEIL 3 – Für Fortgeschrittene

Titelübersicht
Alphabetisch

Alle Jahre wieder
- Version 1: Songbegleitung ohne Melodie 20
- Version 2: Solo Piano 20

Fröhliche Weihnacht überall
- Version 1: Easy Piano 10
- Version 2: Pop Ballade 11
- Version 3: Songbegleitung 40
- Version 4: Solo Piano / Vorschlagnoten 61

Ihr Kinderlein kommet
- Version 1: Klassisch 26
- Version 2: Reharmonisation (Pop-Version) 27
- Version 3: Songbegleitung 28
- Version 4: Songbegleitung akkordfremde Töne 30

Jingle Bells
- Version 1: Wechselbass 6
- Version 2: Entspannte Chill-out-Version 7
- Version 3: Songbegleitung 24
- Version 4: Solo Piano 68

Lasst uns froh und munter sein
- Version 1: Songbegleitung (Rock Ballade) 62
- Version 2: Solo Piano (Rock Ballade) 63
- Version 3: Songbegleitung (Rock 'n' Roll) 64
- Version 4: Solo Piano (Boogie Woogie) 65

Leise rieselt der Schnee
- Version 1: Songbegleitung (einfach) 48
- Version 2: Songbegleitung (Fortgeschrittene) . 49
- Leadsheet (ARRANGIEREN FÜR SOLO PIANO) 50
- Schritt 1 50
- Schritt 2 51
- Schritt 3 51

Morgen kommt der Weihnachtsmann
- Version 1: Easy Piano 14
- Version 2: Klassisch 54
- Version 3: Pop Ballade 55
- Version 4: Jazz Ballade 56
- Version 5: Boogie Woogie 57
- Version 6: Samba 58

O Tannenbaum (O Christmas Tree)
- Version 1: Zweistimmig 12
- Version 2: Dreistimmig 13
- Version 3: Songbegleitung 32
- Version 4: Solo Piano à la Erik Satie 33

Oh du fröhliche
- Version 1: Songbegleitung 42
- Version 2: Solo Piano (Jazz Waltz) 66

Stille Nacht (Silent Night)
- Version 1: Durchgangstöne im Bass 16
- Version 2: Broken Powerchords 17
- Version 3: Solo Piano (verminderte/halbverminderte Septakkorde) . 38
- Version 4: Songbegleitung (gebrochene Akkorde) 39
- Version 5: Songbegleitung mit Akkordbrechungen (weite Lage) 45

Süßer die Glocken nie klingen
- Version 1: Easy Piano 8
- Version 2: Solo Piano (weite Lage) 46

We Wish You a Merry Christmas
- Version 1: Zweistimmig 15
- Version 2: Dreistimmig 15
- Songbegleitung 1 mit add⁹-Akkorden 35
- Songbegleitung 2 mit Akkordbrechungen 35

POPULÄRE AKKORDFOLGEN UND VOICINGS

ADD⁹-AKKORDE 34

CHORDS FOR A WHITE CHRISTMAS
- Akkordfolge mit maj⁷ / 7 / m⁷-Akkorden 22
- Two-Step-Akkordfolge mit Wechselbass 23

DIE POP-DOMINANTE 21

DIE X-MAS-POP-FORMEL
- Akkordfolge à la Last Christmas 36
- Nonenvorhalte 37

CD-Übersicht

CD	Titel	Version	Tempo	Seite
1	Jingle Bells	Chill-out-Version	♩ = 108	7
2	Süßer die Glocken nie klingen	Easy Piano	♩ = 104	8
3	Fröhliche Weihnacht überall	Pop Ballade	♩ = 56	11
4	O Tannenbaum	Version 2	♩ = 88	13
5	Morgen kommt der Weihnachtsmann	Easy Piano	♩ = 112	14
6	We Wish You a Merry Christmas	Zwei-/Dreistimmige Version	♩ = 120	15
7	Stille Nacht	Version 2	♪ = 108	17
8	Alle Jahre wieder	Songbegleitung	♩ = 104	20
9	Alle Jahre wieder	Solo Piano	♩ = 104	20
10	Chords for a White Christmas	Ballade	♩ = 58	22
11	Chords for a White Christmas	Two-Step	♩ = 69	23
12	Jingle Bells	Songbegleitung	♩ = 88	24
13	Ihr Kinderlein kommet	Klassisch	♩ = 120	26
14	Ihr Kinderlein kommet	Reharmonisation (Pop-Version)	♩ = 120	27
15	Ihr Kinderlein kommet	Songbegleitung	♩ = 60	28
16	Ihr Kinderlein kommet	Songbegleitung (Akkordfremde Töne)	♩ = 60	30
17	O Tannenbaum	Songbegleitung	♩ = 84	32
18	O Tannenbaum	Solo Piano à la Erik Satie	♩ = 76	33
19	We Wish You a Merry Christmas	Songbegleitung	♩ = 120	35
20	Die Xmas-Pop-Formel	Nonenvorhalte à la Last Christmas	♩ = 108	37
21	Stille Nacht	Solo Piano (Halb-)verminderte Septakkorde	♪ = 96	38
22	Stille Nacht	Songbegleitung	♪ = 96	39
23	Fröhliche Weihnacht überall	Songbegleitung	♩ = 60	40
24	Oh du fröhliche	Songbegleitung	♩ = 50	42
25	Stille Nacht	Songbegleitung (Weite Lage)	♪ = 100	45
26	Süßer die Glocken nie klingen	Solo Piano (Weite Lage)	♩ = 112	46
27	Leise rieselt der Schnee	Songbegleitung	♪ = 112	49
28	Leise rieselt der Schnee	Solo Piano (Schritt 3)	♪ = 108	51
29	Morgen kommt der Weihnachtsmann	Klassisch	♩ = 108	54
30	Morgen kommt der Weihnachtsmann	Pop Ballade	♩ = 84	55
31	Morgen kommt der Weihnachtsmann	Jazz Ballade	♩ = ca. 100	56
32	Morgen kommt der Weihnachtsmann	Boogie Woogie	♩ = 112	57
33	Morgen kommt der Weihnachtsmann	Samba	♩ = 120	58
34	Fröhliche Weihnacht überall	Solo Piano (Vorschlagnoten)	♩ = 69	61
35	Lasst uns froh und munter sein	Songbegleitung (Rock Ballade)	♩ = 96	62
36	Lasst uns froh und munter sein	Solo Piano (Rock Ballade)	♩ = 50	63
37	Lasst uns froh und munter sein	Songbegleitung (Rock'n'Roll)	♩ = 144	64
38	Lasst uns froh und munter sein	Solo Piano (Boogie Woogie)	♩ = 100	65
39	Oh du fröhliche	Solo Piano (Jazz Waltz)	♩ = 168	66
40	Jingle Bells	Solo Piano	♩ = ca. 80	68

TEIL 3 – Für Fortgeschrittene

Die innovative Methode für Klaviereinsteiger!

Florian Tekale

POP PIANO SCHOOL

Für Einsteiger

Mit 70 Tracks im Audio-Format!

ISBN 13: 978-3-947998-29-6 | Art.-Nr.: 20293G (Buch & CD) | www.alfredmusic.de